오정섭 (1940~2015)
서울대학교 물리학과를 졸업한 후, 파월 군인으로 월남전에 참전하였으며 이후 필코(PHILCO) 기술자로 월남 현지에서 파견 근무를 수행하였다. 귀국 후 한국IBM에서 근무하였고, 유원건설 전산실장으로 재직하며 국내 전산화 초기 시대를 이끌었다. 이후 옴니컴 컴퓨터학원을 설립하여 컴퓨터 교육 보급에도 힘썼다. 평생을 기술과 교육의 접점에서 살아온 그는, 새로운 지식을 널리 나누고자 끊임없이 도전한 1세대 IT·과학 교육자였다.

오정현 (1972~)
서강대학교 전자공학과를 졸업하고, 서울대학교 대학원 전기공학부에서 석사 과정을 이수하였다. 이후 연세대학교 TESOL 과정을 수료하며 교육 분야로 활동의 폭을 넓혔다. 삼성전자 정보통신총괄, 기가링크 가입자망개발실, 포미 연구개발부 등에서 첨단 정보통신기술 개발에 참여하였다. 이후 영어 교육으로 전향하여 세븐스텝잉글리시 강사, 베이컨잉글리시 원장으로 활동하였으며, 현재는 온라인 교육 플랫폼 꾸그(Gguge)에서 영어 원서 읽기 및 토론 지도 강사로 활발히 활동 중이다. 기술과 교육을 잇는 창의적 교육 콘텐츠 개발에 관심이 많으며, 효과적인 영어 학습법 연구와 공유에 힘쓰고 있다.

지금
이시국에
영어
발음책

오정섭 · 오정현 지음

프롤로그

"지금 이 시국에 발음 책이 말이 되요?"

이 문장을 정확히 아버지께 말씀드린 것은 아니었습니다. 하지만, 그때 제 마음을 솔직하게 표현한 말이라면 아마도 이랬을 겁니다.

"요즘 유튜브에도, 인터넷에도 영어 발음 자료가 넘쳐나는데… 누가 영어 발음 책을 일부러 찾아보겠어요?"

그 말은 아버지께서 어렵사리 책 원고 초안을 들고 저를 찾아오셨을 때, 무심코 던졌던 말이었습니다.

그때는 진심이 아니었습니다. 무례할 의도도 없었고, 아버지를 폄하하려던 말도 아니었습니다. 다만, 제 나름대로 현실적인 상황을 언급하며 조심스럽게 '출간의 무의미함'을 이야기하려 했을 뿐이죠. 하지만 돌이켜보면, 제가 던졌던 그 한 마디가 아버지께 얼마나 큰 실망으로 다가갔을지 이제는 가늠조차 하기 어렵습니다.

아버지의 삶 속에서, 영어라는 조용한 배경음

아버지가 영어를 언제부터, 어떻게 익히셨는지 저는 사실 잘 모릅니다. 다만 제 기억 속 아버지는 언제나 영어를 '할 줄 아시는 분'이었습니다.

아버지는 한국 IBM에서 오랫동안 근무하셨고, 그 이전에는 월남전에 파병되셨고, 그 후에도 기술자 자격으로 다시 월남에 파견되신 경력이 있었습니다.

그 시절, 해외 근무와 파병은 지금보다 훨씬 더 큰 모험이자 희생이었습니다. 언어는 그 속에서 자연스럽게 체득하셨겠지요. 직접 물어본 적은 없지만, 어쩌면 아버지에게 영어란 생존의 도구이자, 자기계발의 수단이었고, 때론 조용한 자존심이었을지도 모릅니다.

그런 아버지께서, 어느 날 제게 조용히 메일을 보내오셨습니다. 첨부된 파일 안에는, 수년 동안 정리하신 영어 발음 관련 문서가 가득했습니다. 누군가의 책상 서랍 속에 묻혀있을 수도 있었던 그 자료는, 아버지의 언어적 집념이 고스란히 담긴 결과물이었습니다.

제 결례, 그리고 짧았던 시간

아버지의 메일을 받고, 저는 직접 아버지를 뵈었습니다. 그리고는 앞서 말씀드린 것처럼, 조심스럽게 회의적인 생각을 전했습니다.

지금 생각하면, 그때 제 말은 너무 짧고, 너무 성급했습니다. 아버지의 노력을 깊이 들여다보기도 전에, 현실만을 바라보며 가능성부터 재단했던 거죠.

그리고, 그로부터 얼마 지나지 않아 제 결혼식이 있었고… 안타깝게도 아버지께서는 그 후 오래 버티지 못하고 세상을 떠나셨습니다.

그때 제가 던졌던 한 마디는, 결국 평생 제 가슴속에 남게 되었습니다. 이 책은 그래서 단순한 발음 해설서가 아닙니다. 아버지께 드리는 늦은 사죄의 글이고, 현재 영어를 가르친다고 하면서도 책 한 권 제대로 쓰지 못했던 제 자신에 대한 반성문입니다.

이 책을 읽는 법

빠르게 보고, 천천히 이해하세요

이 책은 다음과 같은 방식으로 구성되어 있습니다.

1 노란색 박스와 자명종 아이콘

- 꼭 기억해야 할 발음 원리와 규칙을 요약해 두었습니다.
- 처음 보시는 분들도 빠르게 핵심을 파악할 수 있도록 정리했습니다.

2 예시와 응용

- 요약된 원리를 바탕으로 다양한 영어 단어, 문장, 발음 상황을 설명했습니다.
- 실제 회화나 학습 상황에서 어떤 식으로 적용되는지를 구체적으로 보여드렸습니다.

3 한글 발음 표기 병기

- 영어 발음 옆에, 실제 소리에 가까운 한글 표기를 함께 제공합니다.

- 특히 [r], [th], [f] 등의 특수 발음은 별도 표시로 강조했으며, 강세 음절은 굵게, 받침은 실제 발음에 맞게 조정했습니다.
- 한눈에 들어오지 않는 표기는 학습의 흥미를 떨어뜨리고 실제 발음으로 이어지지 않는다는 경험에서 비롯된 결정입니다.

두 사람의 목소리, 하나의 책

이 책은 두 사람의 글이 교차하는 구조로 되어 있습니다.

앞부분은 제가 쓴 글입니다.

- 수업 시간에 아이들에게 들려주던 이야기처럼, 가볍고, 공감되는 이야기와 팁을 담았습니다.
- 발음 규칙이 왜 중요한지, 실전에서는 어떻게 쓰이는지를 이야기하듯 풀어내려고 했습니다.

뒷부분은 아버지의 글입니다.

- 보다 이론적이고 분석적인 내용이 담겨 있습니다.
- 학문적 깊이나 발음 체계에 대한 세세한 구조를 이해하고 싶은 분들께 유익할 것입니다.

말하자면,

'이야기를 통해 이해를 돕는 글'은 제가,
'정제된 설명으로 깊이를 더하는 글'은 아버지께서 맡으신 책입니다.

이 책을 읽어주시는 모든 분들께 진심으로 감사드립니다. 영어 발음이라는 다소 무거운 주제를 다루고 있지만, 그 안에는 삶의 이야기와 가족의 흔적이 담겨 있습니다. 한 사람의 노력과, 또 다른 사람의 늦은 고백이 만나 비로소 한 권의 책이 되었습니다.

끝까지 읽어주신다면, 그 속에서 단지 '발음'만이 아닌 사람과 사람 사이의 목소리도 함께 들리시길 소망합니다.

# 1장

개요

개요

영어 발음에서 대부분 실수는 강세를 잘못 발음해서 발생합니다. 이 사실은 대부분이 한국 사람들이 아는 부분이죠. 하지만 대부분이 모르는 부분이 있습니다. 바로 강세가 있냐, 없냐에 따라서 발음이 바뀐다는 점이죠. 같은 a 가 강세가 있냐 없냐에 따라서 다르게 발음될 수 있다는 것입니다.

이것 때문에 외국인이 못 알아먹을 때 각 음절의 강세를 바꿔가면서 발음해보는 방법이 안먹히는 것이죠. 이쯤 되면 멘붕이 오시는 분들이 있을지도 모르겠습니다.

그런데 한가지 희소식은 대부분의 강세가 없을 때 모든 모음의 발음은 '어' 나 '으' 라는 것입니다.

강세가 없을 때는 모든 모음을 '어' 나 '으' 로 발음하시면 된다는 말씀이죠. 이것을 슈와(schwa)라고 합니다.

banana를 /bəˈnænə/로, madam은 /ˈmædəm/, Alabama는 /ˌæləˈbæmə/로 발음됩니다. 모음 a의 발음에 뭔가 규칙성이 있어 보입니다. 강세와 약세에 따른 발음변환의 규칙성 인가요?

- element는 /ˈɛləmənt/로, several은 /ˈsɛvərəl/로, telephone은 /ˈtɛləˌfoʊn/으로 발음됩니다. 모음 e의 발음이 강약에 따라 변하는 규칙성이 보이지 않습니까?

- 그렇습니다. 똑 같은 a가 강세가 붙으면 /'æ/로 약세면 /ə/로 달리 발음됨을 봅니다. 똑 같은 e가 강세가 붙으면 /'ɛ/로 약세면 /ə/로 발음됩니다.

발음기호를 빼고 한글로 표현한다면 banana는 [버내너]로 madam 은 [매덤]으로 Alabama 는 [앨러배머]로 소리난 다는 것이죠. 모두 같은 a 인데 강세에 따라서 다르게 발음됩니다.

- 규칙성은 좀더 복합적입니다. apron/'eɪprən/과 같이 강세의 a가 /'æ/ 이외에 /'eɪ/로, Eden/'iːdn/과 같이 강세의 e가 /'ɛ/ 이외에 /'iː/로도 발음됩니다. 약세의 a나 e는 첫 음절이 아니면 주발음은 /ə/임을 볼 수 있습니다.
- 이러한 형태로 모음 I, o, u에도 강약에 따른 주발음들이 있습니다.
- 반면에 water/'wɑːtɚ/ 및 father/'fɑːðɚ/나 art/'ɑɚt/에서와 같이 a가 f나 w와 연음되거나 r과 연음되면 /'æ/가 아닌 /ɑː/로 발음되어 발음특성이 있습니다.
- meant/'mɛnt/, meander/mi'ændɚ/와 같이 이중모음일 때 단어에 따라 또 다른 발음으로 갈리기도 합니다. 하나씩 익힐 수 밖에 없는, 영어공부에 가장 부담되는 부분입니다.
- Canada/'kænədə/를 접미사 -ian을 붙여 Canadian으로 바꾸면 발음이 /kə'neɪdijən/으로 바꾸어집니다. 접미사 -ian은 자신의 앞 음절에 강세를 붙여 강세체계를 재편시키는 특성이 있어 Ca에 붙었던 강세가 na로 옮겨 갔기 때문입니다.
- 이러한 규칙을 알면 사전에서 발음을 찾아보지 않아도 대부분의 단어의 발음을 알 수 있습니다. 매우 놀랄만 하지 않습니까? 이들을 살펴봅니다.

2. 영어-음절(syllable)과 음소(음-단위-음절)

한국 사람들이 흔히 잘 못 알고 있는 것은 바로 영어의 음절입니다. [스트롱]이라고 쓰니까 strong 을 3음절이라고 생각하지만 영어에서는 1음절입니다. 모음 [으]는 음절로 치지 않는 것이죠. 그래서 강세는 중간에 모음인 o에 올 수 밖에 없습니다. 예능 프로그램에서 나오는 절대음감 게임을 생각하시면 안 되죠. 스트롱, 스트롱 둘 다 있을 수 없습니다.

- strong/st'rɑːŋ/은 영어-음절(syllable)로는 한 음절이지만, 음소(음-단위-음절)로는

/s/, /t/, /ˈrɑːŋ/의 세 음소입니다. 성절자음 /s/와 /t/는 약음으로, /ˈrɑːŋ/은 강음으로 발음합니다.

▶ 모음이 없는 자음을 성절자음이라 합니다. '―'를 붙여 발음합니다.

- mom/ˈmɑːm/은 강음 한 음절로, kid/ˈkɪd/는 강음/ˈkɪ/와 약음인 성절자음 /d/로, strongest /ˈstrɑːŋɡəst/는 /ˈrɑːŋ/은 강음으로, 앞 뒤 두 쌍의 성절자음 /s/, /t/ 그리고 /ɡə/는 약음으로 발음됩니다.

▶ merriam-webster.com의 자매사전인 learnersdictionary.com의 발음을 인용했습니다.

성절자음은 모음이 따로 붙지 않고 혼자 소리나는 자음입니다. 흔히 우리 말 표기에서는 으 를 붙여서 스트롱 이라고 표기하지만, 스트 는 모음이 없는 자음들이죠. 이것들이 성절자음입니다.

3. 강음과 약음

- 강음은 한음 또는 두 음 높게 강하게 발음되고, 약음은 강음의 1/4 정도의 길이로 짧고 약하게 발음됩니다.

  ▶ 모음의 발음길이는 모음의 종류에 따라 그리고 조합된 자음의 음운에 따라 약간씩 차이가 있습니다.

  ▶ 강음은 온 몸을 동원해 내뱉듯 강하게 발음합니다. 강음이 단어와 말뭉치를 구분하는 기준이 됩니다.

  ▶ 우리는 강음을 강하지 않게 그리고 짧게, 약음을 강하고 길게 발음하고, 길고 짧음을 구분하지 못하는 경향이 강합니다. 소리 낸 끊임없는 연습이 필요합니다. 영어 발음의 핵심입니다.

발음 소요시간

- 다음 다섯 문장은 발음 시간에 큰 차이가 없습니다. 발음에 걸리는 시간은 크게 보아 강세를 받는 음절 수에 따라 결정되기 때문입니다.(한종임 교수 '음운론'에서 원문만 발췌하여 발음 첨가)

SENTENCE	Phonetic Transcription
The birds eat worms.	/ðə'bɚ-z/ /'iːɾʊ'wɚ-mz/ [th]더**버**즈 이루**웜**[r]ㅈ
The birds eat the worms.	/'iːðʊ'wɚ-mz/ 이[th]두**웜**[r]ㅈ
The birds will eat the worms.	/wə'liːðʊ'wɚ-mz/ 워**리**[th]두**웜**[r]ㅈ
The birds will have eaten the worms.	/wələ'viːn̥//ðʊ'wɚ-mz/ 워러**비**튼 [th]두**웜**[r]ㅈ

▶ 구어에서는 60% 정도의 단어들이 연음/ 탈락/ 대치/ 구개음화/ 단타음화되어 발음됩니다. 5장의 세부내용을 참조하십시오.

 단타음화 (flapping)는 영어 발음 현상으로, 강모음과 약모음 사이에 있는 't'가 약화되면서 'r' 발음과 유사한 소리로 변화하는 것을 말합니다. 미국식 영어에서 흔하게 나타나며, 'little(리틀)'이 '리럴'처럼, 'water(워터)'가 '워러'처럼 발음되는 경우가 대표적인 예입니다.

4. 단모음과 이중모음

- 각 음절의 모음은

  1) 단모음만으로 구성되거나,

     • get/'gɛt/

  2) 이중모음으로 구성되거나,

     • real/'riːjəl/

     • meant/'mɛnt/

     • couch/'kaʊtʃ/

  3) 모음이 생략된 성절자음으로 구성됩니다. 각각의 발음특성이 서로 다릅니다.

     • meant의 t

     • couch의 ch

4-1. 단모음의 발음

> 영어에서 각 모음은 두가지 단음과 장음이 존재 합니다.
> a는 [애] 와 [에이]
> e는 [에] 와 [이~]
> i는 [이] 와 [아이]
> o는 [아] 와 [오우]
> u는 [우] 와 [유] 입니다.
> 사실 많은 모음들이 발음되는 위치가 우리말과 다르지만 나중에 또 다루도록 하겠습니다.

- 각 단모음에는 강약에 따라 달라지는 주발음이 있습니다. 주발음은 아래 표와 같습니다.

	강세의 주발음		약세의 주발음
	단음	장음	
A	/ˈæ/	/ˈeɪ/	/ə/
E	/ˈɛ/	/ˈiː/	/ə/
I/Y	/ˈɪ/	/ˈaɪ/	/ə/
O	/ˈɑː/, /ˈʌ/	/ˈoʊ/	/ə/
U	/ˈjʊ/, /ˈʊ/	/ˈjuː/, /ˈuː/	/jə/, /ə/

- 강세의 주발음은 단음과 장음 두 가지가 있습니다. 단어에 따라 발음이 갈립니다. 장음은 각 단음 자신의 alphabet 이름입니다.

▶ 강약에 따라 달라지는 주발음이 있다는 것은 한 단어의 강약체계를 모르면 발음이 불가능하다는 것을 뜻합니다.

4-2 이중모음의 발음

> 이중모음은 두개의 모음이 붙어있는 경우 입니다.
> -ee-, -ea-, -oo- -ou- 같은 경우이죠.

- 이중모음의 발음은 세 가지 형태로 나뉩니다.
1) 이중모음의 발음은 두 모음이 두 음절로 나누어 각각의 단모음으로 발음되는 경우
- real/ˈriːjəl/ → re와 al로 나누어 발음

(re → 강세 → /ˈriː/, al → 약세 → /əl/)

2) 두 모음 중 한 모음은 단모음으로 발음하고, 나머지 하나는 발음과 관련 없이 단지 단어를 구분하는데 만 쓰이도록 추가된 경우,

- meant/ˈmɛnt/

(e는 발음되고, a는 발음에 영향을 주지 않습니다.)

▶ 한 음절 단어라도 기능어 역할이 아니면 강세가 붙습니다.

3) 두 모음이 하나의 독립발음으로 형성되는 경우로 나뉩니다.

- couch/ˈkaʊtʃ/ → ou/ˈaʊ/
- bowl/ˈboʊl/ → ow/ˈoʊ/
- shampoo/ʃæmˈpuː/ → oo/ˈuː/

4-3. 성절자음의 발음

성절자음은 연속되는 자음 예를 들면 stretch 에서 str 과 tch 같은 자음들을 말하는 것이죠. 대부분 [으]를 붙여서 발음하죠. [으]를 붙인 것들에는 강세가 없다고 보시면 됩니다.

- 모음이 없는 자음 한 개만의 음절인 성절자음은 'ㅜ'를 붙여 발음하는 다음 경우를 제외하고는 'ㅡ'를 붙여 발음합니다.
- tree, twine, shrine에서 성절자음 t와 sh는 'ㅜ'를 붙을 붙여 발음합니다. r과 w는 'ㅜ'를 발음하는 입 모양으로 발음을 시작하기 때문이고 ʃ, ʒ, ʧ, ʤ는 'ㅟ'를 포함하는 발음이기 때문입니다.

5. 발음 형성 예-1

- "The magician said 'Abracadabra!' and the coin disappeared!"의 각 단어가 어떻게 발음되는가를 살펴봅니다.

가) abracadabra

1) abraca와 dabra의 합성어로 간주할 수 있습니다. '명전동후'에 의해 강세체계는

다음과 같이 형성됩니다.

▶ '명전동후'란 두 음절 단어에서 명사이면 80% 정도는 앞 음절에 강세를 붙이고, 동사이면 60% 정도는 뒤 음절에 강세를 붙이는 관행입니다.

▶ 강약이 교차되도록 발음되어 막자 a에 강세가 붙을 순서이지만 막자 a는 강세가 붙지 않는 관행이 있습니다.

2) 강세체계에 따라 앞에서 설명된 '단모음의 주발음'을 대입하면 다음과 같은 모음발음이 형성됩니다.

▶ a의 주발음은 강세면 /'æ/나 /'eɪ/인데 발음의 경제성에 의해 주로 짧은 /'æ/가 선택되고, 약세면 /ə/로 발음됩니다.

▶ 합성 단어는 강조하려는 부분에 주강세를, 남은 단어에는 부강세를 붙입니다.

강세의 특성 (1)

- 원칙적으로 주강세 음절을 기준으로 앞 뒤로 하나 걸러 씩 부강세를 붙입니다.

• reconciliation /ˌrɛkən ˌsɪliˈeɪʃən/

- 부강세 음절은 한 음 높게, 주강세 음절은 두 음 높게 강하게 발음합니다. 운율적인 발음이 되어 식별력을 높여줍니다. 강세 없이 밋밋하게 말하면 못 알아듣습니다. 다음 단어의 발음을 'learnersdictionary.com'이나 'howjsay.com' 등에서 확인하십시오.

• Indianapolis /ˌɪndiəˈnæpələs/

강세의 위치

- 강세 위치는 관행적입니다. 대부분 한 음절에 고정되지만, 사람/지역 또는 뜻에 따라 강세의 위치가 변하는 단어도 있습니다.

단어	발음	의미
address	əˈdrɛs, æ- also ˈæˌdrɛs	
harass	həˈræs, ˈhɛrəs	짜증
premier	prɪˈmɪɚ, Brit ˈprɛmɪə	
mow	ˈmoʊ, ˈmaʊ	건초 (명사), 베다 (동사)

명사는 앞에 동사는 뒤쪽에 강세가 온다는 규칙을 이해하셨으면, 따라서 발음도 바뀐다는 것을 유의하셔야 합니다.
그래서 project 가 [프라즉트] 이면 명사, [프러젝트] 면 동사인 것이죠.
마찬가지로 record 가 [레커드] 이면 명사, [리카드] 이면 동사인 것입니다.

- 두 음절 단어에서 명사의 80%는 앞 음절에 강세가 붙고, 동사의 60%는 뒤 음절에 강세가 붙는다고 합니다. 이를 '명전동후名前動後'라고 합니다.

Word	Pronunciation (noun)	Pronunciation (verb)
project	/ˈprɑːˌdʒɛkt/	/prəˈdʒɛkt/
record	/ˈrɛkɚd/	/rɪˈkoɚd/

접미사가 붙으면 강세가 바뀝니다. 그래서 발음이 바뀌죠.
real[리얼]이 reality[리앨러티] 가 되고,
Atom[애텀]이 atomic[어타믹]이 됩니다.

- 대부분의 접미사들은 강세에 영향을 미칩니다. 예를 들어 명사화 접미사 -ity는 앞 음절에 강세를 붙여 강세체계를 재편시킵니다. 강세체계가 바뀌면 모 단어와 다르게 모음이 발음되게 됩니다. (→ 3장)

Word	Pronunciation	Derived Word	Derived Pronunciation
real	/ˈriːjəl/	reality	/riːˈæləti/

Word	Pronunciation	Derived Word	Derived Pronunciation
atom	/ˈætəm/	atomic	/əˈtɑːmɪk/

▶ 접미사 -ic는 앞 음절에 주강세를 붙여 강세체계를 재구축

- 예를 들어 e가 또 하나의 모음과 연음되면 항상 강세가 붙습니다. 각 모음마다 여러 유형이 있어 강세체계를 알 수 있습니다. (→ 3장)

Word	Pronunciation
peasant	/ˈpɛznt̩/
conceit	/kənˈsiːt/
employee	/ɪmˌplɔɪˈiː/

▶ ee 는 주강세가 붙는 음절

- 다음은 강세를 붙이지 않는 접미사/어미 중의 일부입니다. 강세 음절 구분에 도움을 줍니다. (→ 3장)

-able, -ed, -er/or/-ar, -ful, -ing, -ish -less, -ly/ry, -ment, -less/-ness, -son, -a, -i, -o, -u

나) magician

1) 형용사화 접미사 -ian은 앞 음절에 강세를 붙여 강세체계를 구성시키는 특성이 있어 다음과 같은 강세체계가 형성됩니다.

2) 위의 강세체계에 따라 다음과 같이 모음발음이 형성됩니다.

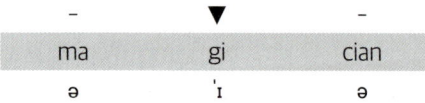

- 강세 i의 주발음은 /ˈaɪ/나 /ˈɪ/인데, 발음의 경제성에 의해 주로 짧은 /ˈɪ/로 발음되고, 약세의 모든 모음은 일반적으로 /ə/로 발음되기 때문입니다.

▶ 3장에 기술되는 많은 접미사들이 위의 예에서와 같이 강세체계 구성에 영향을 미칩니다. 이에 따라 발음에도 영향을 줍니다.

다) coin /ˈkɔɪn/

- 미국발음은 강세의 o를 /ˈɑː/나 /ˈoʊ/로 발음하지만, or과 oi만은 more/ˈmoɚ/와 coin /ˈkɔɪn/에서와 같이 /ˈoɚ/과 /ˈɔɪ/로 달리 발음합니다.

▶ 다민족 국가인 미국의 전통사전 Merriam-Webster는 모든 한 음절 단어에 강세표식을 첨가하고 있습니다. 영어가 모국어가 아닌 국민들을 위함입니다. 반면에 Oxford사전은 한 음절 단어에 강세를 붙이지 않았습니다. 영어가 모국어인 사람들은 나고 자라면서 익혀와 한 음절단어라도 자연스레 강세를 붙여 발음하지만, Oxford를 흉내 내어 한 음절 단어에 강세를 붙이지 않은 우리 사전은 우리의 발음을 그르치게 할 수 있습니다.

▶ have/ˈhæv, əv/는 두 가지로 발음됩니다. 'I have money.'와 같이 have를 본래의 뜻인 '갖다'로 사용할 때와 'I've done.'에서와 같이 have가 문장 구성의 보조역할을 할 때의 발음이 서로 다릅니다. 각각을 내용어와 기능어라 하는 데 기능어는 약하게, 내용어는 강하게 발음하는 원칙이 있습니다. 사전에 적합한 강세표식이 없으면 외래인은 이를 구분하여 발음할 수 없습니다. (→ 5장)

라) disappear /ˌdɪsəˈpiɚ/

- 접두사 dis-는 모단어 첫 음절의 강세여부와 반대로 강세를 붙입니다. ea 음절은 mean의 /ˈiː/, hear의 /ˈiɚ/, meant의 /ˈɛ/ 중의 하나로 발음됩니다.

▼	-	▼
dis	ap	pear
ˌɪ	ə	ˈiɚ

마) Columbia

- u에 연속된 두 자음이 뒤따르면 u는 주강세가 붙는 /ˈʌ/로 발음됩니다. (→ 2장)

-	▼	-	-
co	lum	bi	a
ə	ˈʌ	i	ə

6. 발음 형성 예-2

\- 다음은 영국 시인 Alfred Tennyson의 900행 시 Enoch Arden의 시작 부분입니다. 이 시는 강 약 음절이 반복되는 형식의 시로 작시되었다고 합니다. 강세여부에 따라 각 단모음이 자신의 주발음으로 발음되고 있음을 볼 수 있습니다.

아래 글에서는 모음이 어떻게 발음되고 있는지 문장에서 살펴보고 있습니다. 중간 중간에 약음인 부분에서 다르게 발음 되는 것을 확인해 보세요. 예를 들면 have 가 [허브]로 in 이 [언]으로 발음되는 경우가 있습니다.

7. 모음의 부수발음

\- 한글에는 21가지 모음이 있습니다. 언어권에 따라 이 숫자에 가감이 있겠지만 이러한

다양한 모음을 다섯 개의 모음만으로 아울러야 하는 영어의 태생적 한계로 인해 주발음 이외에 다양한 다른 발음들이 있을 수 밖에 없습니다. 3장을 보십시오

 모음 도표에서 앞쪽이라고 말하는 것은 발음 할때 입안에서 앞쪽에 힘이 들어간다는 것으로 이해하시면 좋습니다.

모음 도표

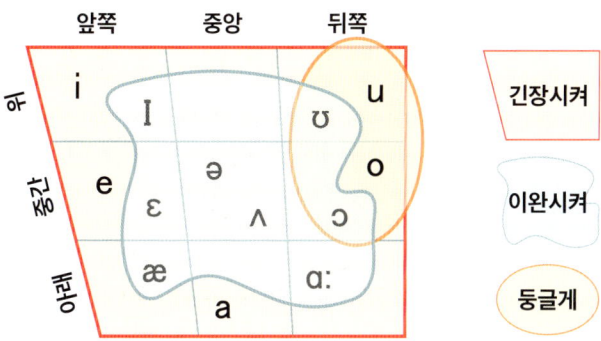

모음 도표 (WiKipedia자료재정리)

1) 각 모음에는 a/ɑ, e/ɛ, i/ɪ, o/ɔ, uː/ʊ의 긴장모음/이완모음 두 쌍의 발음이 있습니다. 단모음이면 이완시켜서 발음하고, 이중 모음이면 앞 모음은 긴장시켜 발음하고 뒷 모음은 이완시켜 발음합니다.

2) 예를 들어 a/'eɪ/는 /'ɛɪ/가 아닌 /'eɪ/로 발음합니다.

- /e/는 다음 발음이 준비될 수 있도록 긴장시켜 발음하라는 뜻이고, /ɪ/는 발음이 완료되었으므로 더 이상 긴장시키지 않고 이완시키라는 뜻입니다. 첫 모음을 긴장시키지 않으면 늘어져 이상한 발음 되고, 마지막 모음을 긴장시키면 어색한 발음이 됩니다.

 중요한 것은 /ɔ/ 와 /ɑ/와 /o/가 모두 입 뒤쪽에서 나는 소리이기 때문에 대부분 우리말에 앞에서 나는 [아] 와는 달리 입안에 저 뒤에서 나는 [아]이죠. 빨리 발음할때는 [오우]와 비슷하기도 합니다.

▶ 미국 표준발음에는 /ɔ/가 없습니다. /ɑ/와 /o/가 이를 대치합니다. /ɔ/는 입 안 중앙의 깊숙한 곳에서 나는 /ɑ/에 가까운 /o/입니다. 발음이 까다로워 /ɑ/로 바뀐 것으로 보입니다. or/oi 음절의 o는 /o/로 발음됩니다.

강세의 특성 (2)

- 원칙적으로 주강세 음절을 기준으로 앞 뒤로 하나 걸러 씩 부강세를 붙이지만 약음이나 강음이 겹치는 단어들도 더러 있습니다.

단어	발음	설명
computerization	kəmˌpjuːtərəˈzeɪʃən	← computer/kəmˈpjuːtɚ/
militarize	ˈmɪlətəˌraɪz	← military/ˈmɪləˌteri/
barbells	ˈbɑɚˌbɛl	합성 단어는 강조하려는 부분에 주강세, 나머지에는 부강세를 붙입니다.
somebody	ˈsʌmˌbʌdi	합성 단어는 강조하려는 부분에 주강세, 나머지에는 부강세를 붙입니다.
nonsense	ˈnɑːnˌsɛns	부정 접두사와 합성 될 때 (부정 단어는 강하게 발음)
female	ˈfiːˌmeɪl	부정 접두사와 합성 될 때 (부정 단어는 강하게 발음)
content'	ˈkɑːnˌtɛnt	약음 차례의 e를 /ɛ/로 발음할 때에는 강세를 붙입니다.
asset	ˈæˌsɛt	약음 차례의 e를 /ɛ/로 발음할 때에는 강세를 붙입니다.

음운 분류

	양순음	순치음	치음	치경음	경구개 치경음	연구개음	성문음
폐쇄음	p, b			t, d		k, g	
마찰음		f, v	θ, ð	s, z	ʃ, ʒ		h
파찰음					tʃ, dʒ		
비음	m			n		ŋ	
유음				l, r			
전이음	w			(r)	y(/j/)	(w)	

양순음은 입술 두개 사이에서 나는 소리,
순치음은 입술과 이 사이(주로 윗니와 아랫 입술)에서 나는 소리,
치음은 이 위부분와 혀사이에서 나는 소리,
치경음은 이 아래쪽에 혀가 닿았다가 떨어지면서 나는 소리,
경구개 치음은 입 안쪽 경구개에 혀가 가까이가면서 나는 소리
연구개음은 입 안쪽에 연구개 쪽의 소리입니다.

stress와 accent

- 'stress'는 음절 단위의 강세를 나타냅니다. 반면에 'accent'는 구문 전체의 강약/장단, 개인/지방/나라에 따른 억양을 모두 포함시켜 나타내는 용어입니다.

아래는 2장부터 시작되는 챕터의 내용입니다.

1. 모음의 주발음

- 강세여부에 따른 모음의 주발음을 살펴봅니다. 2장의 내용입니다.

2. 모음의 부수발음

- accept/ɪkˈsɛpt/의 a는 /ɪ/로 발음되고, drama는 /ˈdræːmə/보다는 주로 동부식(영국식) 발음 /ˈdrɑːmə/로 발음되는 등 영어는 같은 모음이 여러 가지로 바뀌어 발음됩니다. 이들 부수발음들을 살펴봅니다. 3장의 내용입니다.

3. 강세체계를 변환시키는 접미사의 특성

- 둘째 음절에 강세를 붙여 발음하는 Japan/ʤəˈpæn/을 자신에게 주강세를 붙여 강세체계를 재편시키는 접미사 -ese를 붙여 '일본의' '일본사람/말'의 뜻의 Japanese/ˌʤæpəˈniːz/로 바꾸면 강세음절 위치가 바뀌어 Ja/ʤə/가 Ja/ʤæ/로 발음이 바뀜을 봅니다. 이러한 접미사/어미/접두사의 특성을 살펴봅니다. 4장의 내용입니다.

4. 구어에서의 발음 특성

-'Try it agan'은 /ˌtraɪjəɾəˈgɛn/로 발음됩니다. 구어에서는 60% 정도의 단어들이 연음/ 탈락/ 대치/ 구개음화/ 단타음화/ 도치/ 첨가됩니다. 귀에 익지 않으면 알아 들을 수 없습니다. 5장의 내용입니다.

5. 기타 발음 특성

- 자음의 발음 특성 등 기타 특성을 살펴봅니다. 6장의 내용입니다.

2장
모음의 주발음

2장

모음의 주발음

여러분은 아마도 영어의 다섯 개 대표 모음, a, e, i, o, u를 학교에서 배운 기억이 있으실 겁니다. 그리고 그 발음을 **[아], [에], [이], [오], [우]**라고 외운 적도 있으실 겁니다. 하지만 실제 영어에서는 그렇게 단순하지 않습니다. 우리가 알고 있던 모음들의 '대표 발음'은 대부분 강세가 있는 경우에만 해당됩니다.

예를 들어 a는 강세를 받을 때 입을 크게 벌리고 아래로 내리면서 [애] 소리를 냅니다. 반면, 강세가 없는 경우에는 a가 **[어]**처럼 들리기도 하고, 어떤 경우에는 **[에이]**처럼 길게 늘어지기도 하죠. 즉, 같은 철자라 하더라도 강세의 위치에 따라 전혀 다른 소리로 발음된다는 것입니다.

이런 변화의 핵심에는 바로 **슈와(schwa)**가 있습니다. 강세를 받지 않는 모음이 [어] 혹은 [으]처럼 '뭉개지는' 이 현상은 영어 발음의 핵심 중 하나입니다. 슈와는 마치 회색처럼, 상황에 따라 [애] 같기도 하고, [이] 같기도 한 모호한 소리입니다. 명확하지 않고 두리뭉실한 이 음은 원어민 발음의 자연스러움을 만들어 내는 중요한 요소입니다.

우리말과 비교해보면, 우리는 오히려 모든 음절에 똑같은 힘을 실어 발음하는 경향이 있습니다. 그래서 영어 단어를 발음할 때에도 모든 모음을 대표 음가로 발음하려고 하죠. 이 때문에 강세가 없는 음절조차 또렷하게 발음되어, 영어 고유의 리듬이나 자연스러운 흐름이 사라지곤 합니다.

영어는 **'강세의 언어'**입니다. 어떤 음절은 길고 강하게, 어떤 음절은 짧고 약하게, 심지어 사라지듯 흘러야 자연스럽게 들립니다. 이 장에서는 그 핵심 원리인 강세와 약화, 그리고 슈와의 개념을 정확히 이해하고, 왜 우리가 배우는 것과 실제 발음이 다르게 들리는지를 함께 살펴보겠습니다.

1. a의 주발음

- balance는 첫 음절 bal에 강세를 주어 발음하여 /ˈbæləns/로 발음됩니다. a는 강세를 줄 때에는 /ˈæ/로, 약세일 때에는 /ə/로 발음됨이 보통이기 때문입니다.

    ▶ 영어는 강약에 따라 일정하게 발음이 바뀌고 강약이 교차되도록 음절들이 배치되어 /ˈbɑːlɑːns/라는 발음은 성립될 수 없습니다.

▶ Merriam-Webster 사전의 발음을 인용하였습니다.

/'æ/ 는 입을 살짝 벌리면서 아래 쪽에 힘주어서 발음하는 [애] 발음입니다.
/ə/ 는 힘없이 입안 중간쯤에서 [어]라고 나오는 소리이죠
장모음으로 발음 되면 /'ei/ 로 소리나는 데 앞쪽 중간에서 [에이]로 발음 됩니다.

- 반면에 첫 음절 a에 강세가 붙는 data는 /'deɪtə/로 발음됩니다. 강세의 a는 단어 특유의 음운에 따라 /'ei/로도 발음되기 때문입니다. 약세의 a는 /ə/가 주발음입니다.
  ▶ 언어의 경제성에 의해 요즈음은 data는 /'dætə/로도 발음됩니다.
- 이와 같이 강세가 붙는 a의 주발음은 /'æ/와 /'ei/입니다. '언어의 경제성'에 의해 주로 /'æ/로 발음되고, 단어에 따라 부드러운 음운의 /'ei/로도 발음됩니다.
  ▶ 영어는 강세가 붙는 음절을 알지 못하면 발음할 수 없는 언어입니다. 강세여부에 따라 발음이 일정하게 변하고, 강세 음절을 강하게 발음하지 않으면 다른 뜻으로 오인될 수 있기 때문입니다.
  ▶ 강세가 붙은 a는 더러는 /'ɑː/로도 발음됩니다. → 3장
  ▶ 입 놀림을 최소화시켜 경제적으로 소리 냄을 언어의 경제성이라 합니다.
- 약세의 a는 애매모음 /ə/가 주발음입니다. 약세 e, i, o의 주발음도 애매모음 /ə/이고, 약세 u는 /ə/와 /jə/가 주발음입니다. 단지 약세의 첫 음절은 다른 발음 특성이 있습니다.(→ 3장)
  ▶ 강음 모음은 약음보다 더 길게 뚜렷이 발음되는데 반해 약음은 자음은 뚜렷하게 발음되지만 모음은 주로 애매모음 /ə/로 얼버무리듯 발음됩니다.
- 각 모음에는 주발음 이외에 영어발음을 어렵게 하는 몇 가지 부수 발음들이 있습니다.(→3장)

1) Alabama
- 셋째 음절에 주강세가 붙는 단어입니다. 강세는 하나 걸러서 붙임으로 다음과 같은 강세체계가 형성되고, 단모음 a의 주발음을 대입하면 발음이 형성됩니다.

	▼	-	▼	-
	A	la	ba	ma	→ /ˈælə ˌbæmə/
	ˌæ	ə	ˈæ	ə

아래 두 경우는 실제 발음이 아닙니다.
여기서 요점은 강세가 붙은 모음 다음에는 약세가 오면서, 강약이 반복되는 구조가 된다는 것이죠.

- 첫째 음절에 주강세를 붙이는 것이 관행이었다면 발음이 달라질 것입니다. 위의 정상 발음과 비교하십시오.

	▼	-	▼	-
	A	la	ba	ma	→ /ˈælə ˌbæmə/
	ˈæ	ə	ˌæ	ə

- 둘째 음절에 주강세를 붙이는 것이 관행이었다면 다음과 같이 발음될 것입니다.

	-	▼	-	-
	A	la	ba	ma	→ /əˈlæbəmə/
	ə	ˈæ	ə	ə

▶ 막 자 a에는 강세를 붙이지 않습니다.
▶ 강세음절은 관행적으로 지정되지만, 명전동후, 강세 음절을 지정하는 접미사/어미, 강세가 붙는 정형음절 등의 관행 있어 대체로 강세 음절의 위치를 알 수 있습니다.
▶ 강음은 강하고 길게, 약음은 강음의 1/4 정도의 길이로 약하게 발음합니다. 그렇다고 모든 강모음의 길이가 같지는 않습니다. 예를 들어 /ˈɪ/는 /ˈɑː/보다 짧게 발음됩니다.
▶ 두 음절 단어에서 명사의 80% 정도는 앞 음절에 강세를 붙이고, 동사의 60% 정도는 뒤 음절에 강세를 붙이는 관행을 명전동후라 합니다.

애매 모음 /ə/

1) 애매모음 /ə/는 약 모음, schwa, obscure vowel, reduced vowel이라고도 합니다.

2) /ə/는 입 안 중앙에서 생성됩니다. 그렇지만 연계된 자음과의 음운 그리고 지역에 따라 /ə/, /ɪ/, /ɑ/ 또는 모음이 없는 성절자음의 'ㅡ' 처럼 뚜렷하지 않게 발음되어 애매모음이라 합니다. /ɑ/ > /i/ > /ə/ > 'ㅡ'의 옴가(음의 길이)를 갖습니다.

3) 강음 다음의 중간 음절의 애매모음은 흔히 탈락됩니다.

- memory/ˈmɛməri/learnersdicaitonary.com

  \ˈmɛmri, ˈmɛməri\merriam-webster.com

  /ˈmɛm(ə)ri, ˈmɛməri/oxforddictionaries.com

2) banana

- 둘째 음절에 강세가 붙습니다.

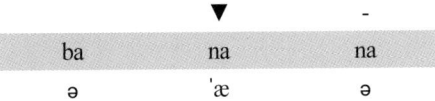

- 만일 ba에 강세를 붙이는 것이 관행이라면 /ˈbænənə/로 발음될 것입니다.

  ▶ 막 자가 a인 음절에는 강세를 붙이지 않습니다.

3) madam

- 첫 음절에 강세를 붙여 발음하는 단어라 1)로 발음됩니다. 둘째 음절에 강세를 붙이는 것이 관행이었다면 2)로 발음되고 있을 것입니다.

4) data

- 막 자가 a이어서 첫 음절에 강세를 붙이는 단어입니다. 부드러운 음운의 /ˈdeɪtə/ 또는 언어의 경제성에 의해 발음길이를 줄인 /ˈdætə/의 두 가지로 발음됩니다.

	▼	-			▼	-
	da	ta	또는		da	ta
	ˈeɪ	ə			ˈæ	ə

▶ 빠른 대화에서는 언어의 경제성로 이중모음의 뒤 음을 얼버무리고 나아가 생략시킵니다. /ˈdeɪtə/→ /ˈdetə/→/ˈdætə/가 됩니다. again/əˈgɛn/도 같은 맥락이고, 빠른 대화에서는 I'm/ˈaɪm/이 /ˈɑm/으로도 발음됩니다.

5) nature / natural과 nation / national

- 강세의 a가 두 음절 단어에서는 이중모음 /ˈeɪ/로 발음되고, 반면에 접미사 -al이나 -ion 을 붙여 세 음절로 발음이 늘어나면 발음을 단축시키려는 '언어의 경제성'에 의해 a가 단모음 /ˈæ/로 바뀌어 발음됨을 봅니다.

▼	-
na	ture
ˈeɪ	ɚ

→

▼	-	-
na	tur	al
ˈæ	ɚ	ə

▼	-
na	tion
ˈeɪ	ə

→

▼	-	-
na	tion	al
ˈæ	ə	ə

접미사가 붙어서 강세가 바뀌고 따라서 발음이 바뀌는 경우는 일단 이런 단어들이 있다고 기억만 해두시고 넘어가는 것이 좋습니다.
규칙을 외우기보다는 예를 이해하는 것이 훨씬 공부에 도움이 됩니다.

6) Canada ↔ Canadian

▼	-	-
Ca	na	da
ˈæ	ə	ə

→

-	▼	▼
Ca	na	dian
ə	ˈeɪ	ˈiə

▼	-	-
ca	pa	ble
ˈeɪ	ə	ə

- 형용사화 접미사 -ian은 앞 음절에 주강세를 붙여 강세체계를 재편시키는 특성이 있습니다. 결과로 강세체계가 바뀌었고, 모음이 다르게 발음됩니다.

7) a capable student

▼	-	-
ca	pa	ble
ˈeɪ	ə	ə

8) the Adam's apple '성대'

▼	-
A	dam's
ˈæ	ə

접미사 -s의 발음

- 앞 음이 유성음일 때   유성음 /z/
- 앞 음이 무성음일 때   무성음 /s/

  - as/ˈæz, əz/의 s가 z로 발음되는 것은 선행된 유성음인 모음 a를 발음한 후 뒤 이은 s의 발음도 유성음인 z로 발음하면 발성기관의 움직임이 변화되지 않아 언어의 경제성이 되기 때문입니다.

  - 그렇지만 close가 '닫다'일 때는 /ˈkloʊz/, '가까이'일 때는 /ˈkloʊs/로 달리 발음되듯이 항상 유성음동화가 일어나지는 않습니다.

울대뼈에 손을 대고 발음을 할 때 울대뼈가 울리는 것이 느껴지면 유성음이고, 느껴지지 않으면 무성음입니다.
하지만 무성음의 경우도 [으] 발음을 붙이면 모두 울대뼈가 울리죠.
따라서 [스]가 아닌 [ㅅ], [크]가 아닌 [ㅋ]로 발음해야 무성음, 유성음을 구별할 수 있습니다.

유성음과 무성음

유성음	z	d	b	v	ð	g	ʒ	ʤ	모음	l/r	m/n	
무성음	s	t	p	f	θ	k	ʃ	ʧ				h

- 유성음은 목청을 울려 내는 소리이고, 무성음은 목청은 안 울리고 바람이 입 밖으로 나오면서 내는 소리입니다.

- 아래/위 두 쌍은 같은 음운의 유/무성음입니다. 무성음을 목청이 울리도록 발음하면

유성음이 됩니다.

9) ▪adapted to the dark▪ '적응'

-	▼	-
a	dap	ted
ə	ˈæ	ɪ

접미사 -ed의 발음

- 입의 움직임을 최소화시키려는 언어의 경제성을 이루기 위해 유성음 다음의 ed는 유성음 d로 무성음 다음의 ed는 무성음 t로 발음합니다. 단지 d와 t 다음의 ed는 혀의 부딪침을 없애려 모음을 첨가시켜 /əd/ 또는 /ɪd/로 발음합니다. (→5장)

  • 앞 음이 유성음일 때 → 유성음 /d/

  • 앞 음이 무성음일 때 → 무성음 /t/

  • 앞 음이 t나 d일 때 → /əd/ (/ɪd/)

  ▶ 예외 wicked/ˈwɪkəd/mw /ˈwɪkɪd/oxf

연습) a → /ˈæ/

analysis	canal	faculty	Havana	Kansas	pajama
plaza	Santa				

여기 연습부분에서는 강세가 있는 음절과 없는 음절이 교대로 나오고, 마지막에는 주로 강세가 없다는 것에 주의하시면서, 먼저 발음을 해보시고, 실제로 어떻게 되는지 예를 보시면 좋습니다.

note

- 아래 단어들의 강세체계를 가늠한 후, 각 모음의 강약에 따른 주발음을 대입시켜 발음을 형성시키고

- learnersdictionary.com나 'howjsay.com' 등에서 발음기호와 음성발음을 확인하고, 소리 내어 연습합니다.

- 다른 음절에 강세가 붙는다면 어떻게 발음이 변화될까를 가늠해 발음해 보아 느낌을 음미해 보면 도움이 됩니다. 종이에 써서 하면 더 효과적일 수 있습니다.

TEXT	PRONUNCIATION
the analysis	/əˈnæləsis/ 어**낼**러시스
Shows it right	/ˈʃoʊz/ **쇼**우즈

▶ 접미사 -sis는 앞의 앞 음절에 주강세를 붙여 강세체계를 구축

▶ 유성음 뒤의 s가 유성음화되지 않는 단어

영어	한국어	발음
an irrigation canal	관개 운하	/kəˈnæl/ /ˌirəˈgeɪʃən/
		커**넬** 이러**게이**션

▶ 접미사 -ion은 앞 음절에 주강세를 붙여 강세체계 구축

영어 표현	발음
a faculty for learning languages	/ˈfækəlti/ [f]**패**컬티
a faculty meeting	/ˈfækəlti/

발음기호를 보다보면 강세표시가 헷갈릴 수 있는데요.
이 책에서는 음절시작 부분에 붙이고 있습니다.
아래 예에서 /həˈvænə/ 는 /ˈvæ/에 즉, 두번째 음절에, /ˈkænzəs/ 는 /ˈkæn/에, 즉, 첫번째 음절에 강세가 있다고 표시하고 있는 것이죠.

Havana	/həˈvænə/ 허**배**너
Kansas	/ˈkænzəs/ **캔**저스
pajamas	/pəˈdʒɑːmz/ 퍼**자**머즈
plaza	/ˈplɑːzə, ˈplæ-/ **플라**저
Santa Claus	/ˈsæntəˌklɑːz/ **샌**터 **클라**즈

▶ 막 자 a는 강세가 붙지 않는 /ə/로 발음됩니다. 앞 음절에 강세를 붙이는 특성이 있

습니다. 막자 i/y, o, u 역시 강세가 붙지 않습니다.

연습) a → /ˈeɪ/

apron	aviation	capable	cradle	fatal	Jason/Mason
label	laser	navigation	Rachel	razor	taste

표현	발음	설명
a child yanking at her mother's apron	/ˈtʃajəld/ /ˈmʌðɚz/ /ˈeɪprən/ **차**열드, **머**[th]더즈, **에이**프런	
a commercial aviation	/kəˈmɚ.ʃəl/ /ˌeɪviˈeɪʃən/ 커**머**[r]셜 에이비**에이**션	'상업 비행'
a capable agent	/ˈkeɪpəbəl/ /ˈeɪdʒənt/ **케이**퍼벌, **에이**전트	'유능한 요원'
She rocked the cradle.	/ˈrɑːkt/ /ˈkreɪdl/ **락**트 크**레이**들	'요람을 흔들었다'
a fatal accident	/ˈfeɪɾl/ /ˈæksədənt/ **페이**를 **액**써던트	'치명적인 사고'
Mr. Jason and Ms Mason	/ˈdʒeɪsn/ /ˈmeɪsn/ /ˈmɪstɚ/ /ˈmɪz/ **제이**슨 **메이**슨 **미**스터 **미**즈	
tie on a label	/ˈleɪbəl/ /ˈtɑːjɑːnə/ **레이**벌, **타**여너	
a laser guided missile	/ˈleɪzɚ/ /ˈgaɪɾɪd/ /ˈmɪsəl/ **레이**져[r], **가이**리드, **미**썰	
a navigation system	/ˌnævəˈgeɪʃ(ə)n/ /ˈsɪstəm/ **네**버**게이**션, **시**스텀	
Rachel, Calvin and Franklin	/ˈreɪtʃəl/ /ˈkɛlvən/ /ˈfræŋklən/ **레이**철, **켈**번, **프랭**클런	
on the razor's edge	/ˈreɪzɚ/ /ˈɛdʒ/ **레이**저[r], **에**지	'위기'
a strong taste of garlic	/ˈteɪst/ /ˈgɑɚlɪk/ **테이**스트, **가**[r]릭	

단음 a의 부수발음들 (개략)

- a는 father/ˈfɑːðɚ/, glass/ˈglæs, Brit ˈglɑːs/에서와 같이 일부 단어에서는 /ˈɑː/로도 발음되고, accept/ɪkˈsɛpt/와 같이 희소하게 /ɪ/로 발음되기도 합니다.

- 첫 음절 약세 a는 adventure/ədˈvɛntʃɚ/에서와 같이 대체로 /ə/로 발음되지만, antenna/ænˈtɛnə/와 같이 /æ/로도 발음되고, address /əˈdrɛs, æˈdrɛs, ˈæd ˌrɛs/와 같이 양쪽으로 발음되기도 합니다.

- barbecue/ˈbɑɚbɪˌkjuː/와 calendar/ˈkæləndɚ/에서와 같이 r이 종성으로 붙은 ar은 강세면 /ˈɑɚ/, 약세면 /ɚ/로 발음됩니다.

- saw/ˈsɑː/, audio/ˈɑːdiːˌoʊ/, almost/ˈɑːlˌmoʊst/에서와 같이 aw 음절과 강세의 au, al 음절은 /ˈɑː/로 발음됩니다.

- date/ˈdeɪt/와 같이 'a+자음+e' 형태의 한 음절 단어는 /ˈeɪ+자음/로 발음되고, app/ˈæp/처럼 e가 없으면 /æ/로 발음됩니다.

> 대부분의 마지막 e는 소리내지 않는데, 그 대신에 그 앞에 있는 모음을 장모음으로 발음하게 됩니다. 그래서 date의 경우는 a가 [에이]로 발음되죠. 이 경우가 장모음으로 발음되는 가장 대표적인 경우입니다.
> 그래서 발음되지 않는 마지막 e를 silent e 라고 부르고, 아주 중요한 발음 규칙중에 하나입니다.
> 하지만, e 앞에 있는 모음에 강세가 없으면 역시 [어]나 [으]로 뭉개는 음이 됩니다.

- erase/ɪˈreɪs/, surface/ˈsɚfəs/n v와 같이 두 음절 이상의 'a+자음+e' 형태의 단어는 /eɪ+자음/ 또는 /ə+자음/ 형태로 발음됩니다. 반면에 접미사 -ate는 동사일 때에는 /ˈeɪt/로, 명사/형용사일 때에는 /ət/로 발음됩니다.

- 3장 및 4장에서 자세히 알아봅니다.

2. e의 주발음

- 강세의 e는 /ˈɛ/나 /ˈiː/로 발음하면 됩니다. 주발음이기 때문입니다. 발음의 경제성에 의해 주로 단음 /ˈɛ/로 발음되고, 단어를 구분 짓거나 부드러운 음운으로 발음될 때에는 /ˈiː/로 발음됩니다.

- 약음 e는 애매모음 /ə/가 주발음입니다. 첫 음절은 다릅니다.

- 첫 음절의 약음 e는 /ɪ/가 주발음입니다. 음운에 따라 더러는 /ə/로도 발음됩니다. (3장)

 /'ɛ/ 발음을 입을 약간 벌리고 [에] 소리를 짧게 끝소리가 막히는 느낌으로 냅니다. 이 소리는 입의 위나 아래가 아니고 중간에서 나는 소리이죠.
앞서 다룬 a의 [애] 소리는 아래에서 나는 소리였다는 것을 비교해보시면 좋습니다.
장모음에 해당하는 /'i:/ 는 입 앞쪽 위에서 나오는 [이] 소리입니다. 길게 발음되는 장모음이죠.

1) ■in a strong element of mysticism■ '강한 신비주의를 바탕으로 한'

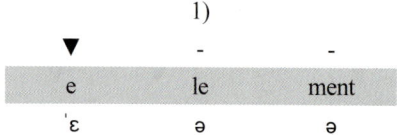

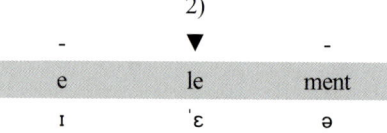

 이 경우도 1번에서 와 같이 [엘러먼트] 와 같이 발음 됩니다.
2번은 잘못 된 경우를 예시한 것이죠.

1)과 같이 첫 음절에 강세를 붙여 발음하는 단어입니다. 둘째 음절에 강세를 주는 것이 관행이었다면 2)와 같이 발음되고 있을 것입니다.

▶ 첫 음절의 약음 e의 주발음은 /ɪ/입니다. 더러는 음운에 따라 /ə/로도 발음됩니다.

▶ mysticism/ˈmɪstˌsɪzəm/과 같이 접미사 -ism은 자신에게 부강세를 붙여 강세체계를 구성합니다. 또한 강음 다음의 애매모음 /ɪ/는 흔히 탈락되어 성절자음으로 발음됩니다.

2) ■the genesis of civilization■ '문명기원'

▼	-	-
ge	ne	sis
ˈɛ	ə	ɪ

- 어미 -sis는 앞의 앞 음절에 주강세를 붙여 강세체계를 구축합니다. (→ 4장)

▶ civilization/ˌsɪvələˈzeɪʃən/

3) ▪He should be a man of celebrity.▪ '명사'

	▼		
ce	le	bri	ty
ə	ˈɛ	ə	i

- 명사화 접미사 -ity는 앞 음절에 강세를 붙여 강세체계를 재편시킵니다. (→ 4장)

  ▶ celebrate/ˈsɛləˌbreɪt/

  ▶ 막 자 i/y는 /i/로 발음됩니다. 단지 동사화 접미사 -fy/ˌfaɪ/는 다릅니다.

4) ▪vulnerable to predators▪

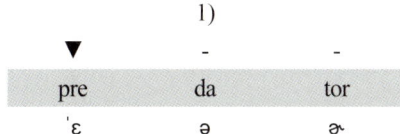   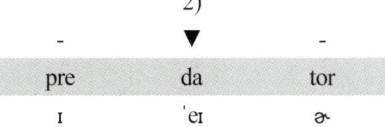

이 경우도 1번에서 와 같이 [프레더터r] 와 같이 발음됩니다.
2번은 잘못된 경우를 예시한 것이죠.
Vulnerable 같은 경우는 중간에 l 가 소리가 안 납니다. l 과 n 모두 혀가 앞니에 붙었다 떨어져야 나는 소리인데, 두번 연속으로 그러기는 힘들죠. 그런 경우 대개 앞에 글자가 소리가 안나게 됩니다.

- 1)과 같이 첫 음절에 강세를 주는 단어입니다. 둘째 음절에 강세를 주는 것이 관행이었다면 2)와 같이 발음되고 있을 것입니다.

  ▶ vulnerable/ˈvʌlnərəbəl/에서 l과 n은 같은 치경음이라 l이 탈락됩니다.

  ▶ predator/ˈprɛdətɚ/에서 '약탈자'라는 의미를 강조하려면 /ˈtɚ/로 강세를 붙입니다.

5) Pennsylvania

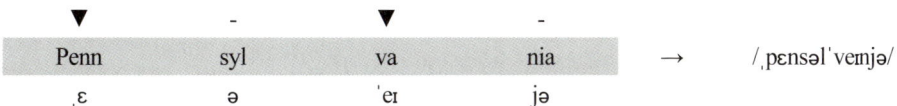

- Pennsyl과 vania로 나눌 때, Pennsyl에는 명전동후 개념에 의해 앞 음절에 강세를 붙이고, vania의 ia는 접미사 -ian과 같은 특성이 있어 앞 음절에 강세를 붙입니다.

▶ New York /ˌnuˈjoɚk/과 같이 고유명사 합성어는 뒤 음절에 주강세를 붙입니다.

6) ■He's my affectionate friend.■ '애정 어린'

-	▼	-	▼		
a	fec	tion	ate	→	/əˈfɛkʃənət/
ə	ˈɜ	ə	ə		

- 접미사 -ate는 자신에게 부강세를 붙여 강세체계를 구축합니다.

▶ 접미사 -ate는 동사면 /ˌeɪt/, 형용사/명사일 때에는 강세를 뗀 /ət/로 발음됩니다. 형용사/명사일 때에도 동사일 때의 강세체계가 유지됩니다. (→ 4장)

7) ■No previous experience■

▼	-	-		
pre	vi	ous	→	/ˈpriːvijəs/
ˈiː	i	ə		

- 접미사 -ous는 앞의 앞 음절에 주강세를 붙입니다. /i/와 /əs/ 연음은 /ijəs/입니다.

8) ■whisk all the ingredients together■

-	▼	-		
ing	re	dient	→	/ɪnˈgriːdijənt/
ɪ	ˈiː	iə		

연습)

genuine	essential	envelope	agenda	accept
segment	methane	memory	medicine	Kennedy
television	success	spaghetti	several	seldom
twenty	Tennessee			

발음이 예상을 깨고 전혀 다르게 발음되는 경우이죠. 유튜브에도 많은 채널에서 다루고 있는 단어가 accept 입니다.

표현	한글 번역	발음	비고
I'll accept your offer.	제안 수락	/ɪkˈsɛpt/ /jəˈɑːfɚ/ 셒ㅌ 어[r]아퍼[r]	약세의 a가 /ɪ/로 발음되는 많지 않은 단어 중의 하나입니다.
included in the today's agenda	일정	/əˈdʒɛndə/ 어젠더	
stick a stamp on envelope		/ˈɛnvəˌloʊp/ 엔벌로우ㅍ	
served as essential foodstuffs	필수 식량	/ɪˈsɛnʃəl/ /ˈfuːdˌstʌf/ 이쎈셜 푸ː드스터[f]ㅍ	접미사 –al은 앞의 앞 음절에 강세, –tial은 두 음절로 간주
a genuine pub atmosphere		/ˈdʒɛnjəwən/ /ˈpʌb/ /ˈætməˌsfɪɚ/ 제뉴언 펍 애ㅌ머스피어[r]	
a Kennedy silver dated 1964	동전	/ˈkɛnədi/ /naɪnˈtiːn/ /ˈsɪksti/ /ˈfoɚ/ 케너디 나인틴 씩스티 포어[r]	
Taken your medicine?	약 먹었니?	/ˈmɛdəsən, Brit ˈmɛdsən/ 메더슨, 멛슨	
It has a short memory.	짧은 기억력	/ˈmɛməri/ /ˈmɛmri/ 메머리, 메므리	강음절 뒤의 중간음절의 애매모음 /ə/는 흔히 탈락 됩니다.
no smelling methane gas	메탄	/ˈmɛˌθeɪn, Brit ˈmiːˌθeɪn/ 메[th]세인, 미[th]세인	
in the final segment of the book	대미	/ˈsɛgmənt/ /ˈfaɪnl/ /ˈbʊk/ 세그먼ㅌ [f]파이늘 북	book의 oo가 짧은 /ʊ/로 발음됩니다. oo는 일반적 으로는 깁니다.
He seldom or never reads.	거의	/ˈsɛldəm/ /ˈnɛvɚ/ /ˈhiː/, /ˈɚ/ /ˈriːdz/ 쎌덤, 네버[r], 히, 어[r], 리즈	ea는 /iː/ 또는 /ɛ/ 두 가지 로 발음됩니다. 강세가 붙습니다.
costs several and thousand bucks	수천 달러	/ˈsɛvərəl/ /ˈθaʊzənˌbʌks/ 쎄버럴 [th]싸우전 벅스	
pasta for spaghetti		/spəˈgɛti/ /ˈpæstə/ 스퍼게티 패스터	마지막 자 i/y는 /i/로 발음 합니다. 단지 동사화 접 미사 fy의 y는 /ˌaɪ/로 달리 발음됩니다.
success as a writer	작가	/səkˈsɛs/ 썩세스	
try hard to succeed	성공	/ˈtraɪ/ /ˈhɑɚd/ /ˈtuː/ /səkˈsiːd/ 트라이 하[r]드 투ː 썩씨드	

표현	한글 번역	발음	비고
succeed to the throne	계승	/sək'si:d/ /tə/ /ðə/ /'θroʊn/ 썩**씨**드 터 [th]더 [th]**쓰로**운	
a successful career	성공적인 경력	/sək'sɛsfəl/ /kə'rɪɚ/ 썩**쎄**쓰펄 커**리**어[r]	
victories in succession	연속해	/'vɪktəri:z/ /ɪn/ /sək'sɛʃən/ **빅**터리즈 인 썩**쎄**션	
a television scene		/ˌtɛləˌvɪʒən/ /'si:n/ **텔**러**비**전 씬	
Nashville, Tennessee		/ˌtɛnə'si/ /'næʃˌvɪl/ 테너**씨**, **내**슈빌	접미사 ee는 자신에게 주 강세를 붙여 강세체계를 구축합니다.
twenty-third of December		/'twɛnti/ /dɪ'sɛmbɚ/ 트**웬**티 디**셈**버[r]	twenty의 t는 'ㅜ'를 발음할 때의 입모양으로 발음을 시작하는 w가 뒤따라 '투'로 발음됩니다. 첫 음절 e의 주발음은 /ɪ/입니다.

연습)

complete	deviated	Eden	Egypt	England
errand	evil	genius	Helena	legal
obedient	Sweden	vinyl		

표현	의미	발음
It is a complete works of the writer		/kəm'pli:t/ 컴**플리**트
deviated from the original plan	원안과의 괴리	/'di:vɪˌeɪtɪd/ /ə'rɪdʒənl̩/ **디**비에이티드, 어**리**저널
the wild Eden to be tamed	다듬어져야 할	/'i:dn/ /ɪ'dɛn/ /'waɪəld/ /'teɪmd/ **이**든, 이**덴**, **와**열드, **테**임드
Cotton is one of Egypt's staples.	주산품	/'i:dʒɪpt/ /ɪ'dʒɪpt/ /'kɑ:tn̩z/ /'wʌnəv/ /'steɪpəl/ **이**:집트, 카**튼**즈, **워**너브, **스테**이펄
England failed to qualify.	예선탈락	/'ɪŋglənd/ /'feɪltə/ /'kwɑ:ləˌfaɪ/ **잉**글런드, **페**일터, **쿠**알러[f]파이
A fool's errand	쓰잘때 없는 심부름	/'erənd/ **에**런드

표현	의미	발음
an evil temper		/ˈiːvəl/ /ˈtɛmpɚ/ **이**벌, **템**퍼[r]
He is a scientific genius		/ˈhiːzɚ/ /ˌsaɪənˈtɪfɪk/ /ˈdʒinjəs/ **히**:저 사이언**티**픽 **즈**녀스
British island Saint Helena in the Atlantic Ocean		/ˌseɪntəˈliːnə/ /ˈoʊʃən/ 쎄인터**리**너, **오**우션
You should take legal advice.		/ʃɚˈteɪk/ /ˈliːgəl/ /dˈvaɪs/ 셔러**테**이크, **리**걸, 드**바**이스,
an obedient child		/oʊˈbiːdijənt/ /ˈtʃaɪəld/ 오우**비**디연ㅌ, **차**열ㄷ
Stockholm, Sweden		/ˈswiːdn/ /ˈstkˌhoʊlm/ **스위**든, **스**틀호울름
flooring with vinyl material		/ˈvaɪnəl/ /ˈflɔrɪŋ/ /wɪð/ /məˈtijərɪjl/ **바**이늘, **플**로링, 위드[th], 머**티**여리열

단음 e의 부수발음 (개략)

- 첫 음절의 약음 e는 /ɪ/가 주발음입니다. 더러는 음운에 따라 /ə/로도 발음됩니다.

WORD	PRONUNCIATION
event	/ɪˈvɛnt/ 이**벤**트
peninsula	/pəˈnɪnsələ/ 퍼**닌**썰러

- er 음절은 /ɚ/로 발음됩니다. 강세와 약세의 차이만 있습니다.

WORD	PRONUNCIATION
Persian	/ˈpɚʒən/ **퍼**[r]전
percent	/pɚˈsɛnt/ 퍼[r]**쎈**ㅌ

- ea 음절은 /ˈiː/ 또는 /ˈɛ/로 발음됩니다. 강세가 붙습니다.

  • disease/dɪˈziːz/

- meant /ˈmɛnt/

- ear 음절은 /ˈɚ/, /ˈɛɚ/, /ˈɪɚ/ 또는 /ˈɑːr/로 다양하게 발음됩니다.

- ee 음절은 강세가 붙는 /ˈiː/로 발음됩니다.

  • assignee/ˌæsəˈniː/ ↔ • assign/əˈsaɪn/

- ei 음절은 /ˈeɪ/, /ˈɪ/ 또는 /ˈaɪ/로 발음됩니다. 강세가 붙습니다.

- eri 음절은 강세의 /ˈiri/로 발음됩니다. 모든 모음은 r이나 l이 뒤따를 때 길어지는 특성이 있습니다. 결과로 모음 발음 뒤에 약하고 짧은 /ə/가 첨가되어 발음됩니다.

  • interior/ɪnˈtirijɚ/→/ɪnˈtiərijɚ/

- 3장에서 자세한 변화를 살펴봅니다.

미국 표준 영어

1) 중서부/동부/남부로 나뉘는 미국영어 중 많은 인구가 사는 중서부 영어를 미국 표준 영어라고 한다. (백과사전에서 발췌)
   ▶ 미국 영어는 Pilgrim fathers들이 사용하던 영국영어가 근간으로 이들은 철자법과 발음 등을 합리적으로 개편하고, 교과서와 사전을 편찬하여 정통성을 유지하는 것과 2세들을 교육시키는 등의 노력을 경주하였다고 한다.

2) 미국영어는 큰 틀에서 영국영어와 다음의 다른 점이 있다.
- first/ˈfɚst/m-w /fəːst/oxford 에서와 같이 미국에서는 종성 r을 발음한다.
   ▶ m-w → learnersdictionary.com (→Merriam-Webster 사전의 자매사전)
   ▶ oxford → oxforddictionaries.com
- 미국영어는 take it easy/ˌteɪkəˈřiːzi//에서와 같이 유성음 사이의 t와 d는 부드러운 음운의 r이나 d와 비슷한 단타음으로 발음한다.
- father/ˈfɑːðɚ/에서와 같이 a가 미국/영국 모두 /ˈɑː/로 발음되는 일부 단어를 제외한 100여 개 단어는 class/ˈklæs, Brit ˈklɑːs/에서와 같이 영국에서는 a가 /ˈæ/가 아닌 /ˈɑː/로 발음된다.
- 약음 i를 미국은 애매모음 /ə/로, 영국은 /ɪ/로 발음하는 경향이 있다. 약음이어서 발음에 간극이 있어도 의사소통이 가능하다.
   • habit/ˈhæbət/m-w /ˈhæbɪt/oxford
   • service/ˈsɚvəs/m-w /ˈsəːvɪs/oxford
- 명사/형용사를 동사로 쓴다.
   • dust – 먼지를 털다
   • water– 물을 주다, 물 타다
   • summer – 여름휴가를 가다
- 복합어를 하나의 단어로 간주한다.
   • pillowcase/ˈpɪloʊˌkeɪs/

- 미국영어에서는 강세 o의 발음 /ˈɔ/를 /ˈɑ:/로 발음한다.
  ▶강세 or/ˈor/, oi/ˈoɪ/는 다르게 발음됩니다. (→3장)
- secretary\ˈsɛkrəˌtɛri:, ˈsɛkoˌtɛri:, ˈsɛkˌtɛri:, Brit ˈsɛk(r)ətri:\mw와 같이 접미사 –ary를 미국은 부강세를 붙인 /ˌɛri/로 발음하지만, 영국은 약세의 /ri:/로 발음한다.
- mobile/ˈmoʊbəl, ˈmoʊˌbajəl/에서와 같이 'i+자음+e' 형태의 음절을 미국에서는 명사/형용사이면 /ə/로, 동사면 /ˈaɪ/ 형태로 발음하지만, 영국에서는 품사에 상관없이 강세의 /ˈaɪ/ 형태로 발음한다.

영어의 어원

1) German어계(독일어/네덜란드어)를 근간으로 하며, Romance (France /Italy) 어계와 Russia/ India어계와 연계된다.
2) 영어는 German어 계 35%, Romance어 계 55%, 기타 10%로 구성되는 데, German어계가 85%의 사용빈도를 갖는다.
3) 영어는 다른 언어와 섞이면 독특한 억양이 나타나고 발음과 관용어 등에서 차이가 생기게 된다. 영국, 미국/캐나다, 인도, 호주/뉴질랜드, 동남아시아, 아프리카 영어로 구분한다.

3. i/y의 주발음

- 강세 i/y의 주발음은 /ˈɪ/와 /ˈaɪ/입니다. '발음의 경제성'에 의해 주로 /ˈɪ/로 발음되고, 다른 유사단어와 구분하거나 부드러운 음운으로 발음될 때에는 /ˈaɪ/로 발음됩니다.

i의 경우는 입 앞쪽 위에서 나는 소리로 [이] 라고 이해하시면 됩니다. 이 발음은 약간 [이] 에 [에]를 섞어놓은 발음처럼 들리기도 합니다. 단모음인 경우이구요.
장모음일 때는 [아이] 로 발음됩니다.
약음인 경우는 역시 [어]로 뭉개죠.

- 약음 i/y는 미국은 /ə/, 영국은 /ɪ/가 주발음입니다. 단어에 따라 /aɪ/로도 발음됩니다.
- 첫 음절의 약음 i/y의 주발음은 /ɪ/입니다. 단어에 따라 /aɪ/로도 발음됩니다. (→ 3장)

1) Mississippi

- 셋째 음절에 주강세를 붙여 발음하는 단어입니다. 각각 첫째 음절과 둘째 음절에 주강세를 붙이는 것이 관행이었다면 2)와 3) 같이 발음되고 있을 것입니다.

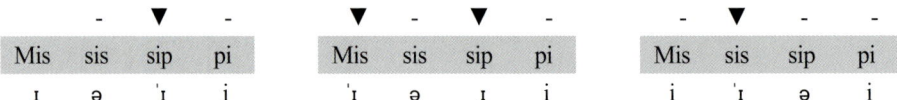

▶ 막 자 i/y는 //로 발음됩니다. 단지 동사화 접미사 fy의 y는 /ˌaɪ/로 발음됩니다.

2) initiative

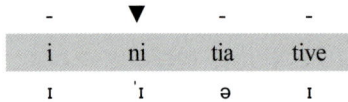

▶ tia→/ʃə/, tive→/tɪv/ →모두 약세로 발음됩니다.

3) system

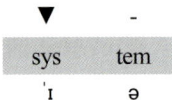

4) Pennsylvania

- 어미 –ia는 접미사 –ian과 같이 앞 음절에 주강세를 주어 강세체계를 구축합니다.

▼	-	▼	-
Penn	syl	va	nia
ˌɛ	ə	ˈeɪ	jə

▶ /ɪə/를 빨리 발음하면 /jə/로 발음됩니다.

5) finance

- 두 음절 중 양쪽 다 주강세를 붙여 발음할 수 있는 단어입니다.

▼	▼	-	▼
fi	nance	fi	nance
ˈaɪ	ˌæ	ə	ˈæ

연습)

cinema	civil	digits	Elizabeth	fatigue	humiliate
idiots	interest	limit	Minister	minute	peninsula
petition	resist	system	timid	vigilance	visit

Phrase	Pronunciation 1	Pronunciation 2	Notes
cinema-goers	/ˈsɪnəmə, Brit - ˌmɑ/ 씨너머	/ˈgowɚ/ 고어[r]	
the civil service	/ˈsɪvəl/ 씨벌	/ˈsɚvəs/ 써[r]버스	
a number containing five digits	/ˈdɪdʒəts/ 디저스		
You and Elizabeth look like sisters.	/ɪˈlɪzəbəth/ 일리저버[th]스		
felt fatigue	/fəˈtiːg/ 페**티**그		
disappointed, hurt, even humiliated	/hjuˈmɪliˌeɪt/ 휴**밀**리에이트	/ˌdɪsəˈpɔɪntəd/ 디서**포인**티드	동사화 접미사 –ate는 자신에게 부강세를 붙여 강세체계 재편
you idiots! She raged.	/ˈɪdijəts/ **이**디여스		

Phrase	Pronunciation 1	Pronunciation 2	Notes
return a blow with interest	/ˈɪntərəst/		n과 t는 같은 치경음이라 t가 탈락된 /ˈɪnərəst/로 발음됩니다. (이너레스트)
observe the speed limit	/ˈlɪmət/ 리머트	/əbˈzɜːv/ 업**저**[r]브	
the Minister of finance	/ˈmɪnəstɚ/ **미**너스터[r]	/ˈfaɪˌnæns, fəˈnæns/ **파**이넨스, 퍼**낸**스	
Stop it this minute!	/ˈmɪnət/ **미**너트	/ˈstɑːpət/ **스타**ː펏	

Phrase	Pronunciation	Translation
Mississippi flows 3,765km	/ˌmɪsəˈsɪpi/ /ˌθəriˈsɛvən/ /ˈhʌndrədn/ /ˌsɪkstiˈfaɪv/ /kəˈlɑːməɚ/ 미서**씨**피	
the Korean Peninsula	/pəˈnɪnʃələ/ /kəˈriːjən/ 퍼**닌**셜러	
presented a petition to the mayor	/pəˈtɪʃən/ /tə/ /prɪˈzɛntəd/ 퍼**티**션 터 프리**젠**터드	시장에게 탄원
resisted temptation	/riːˈzɪstəd/ /tɛmpˈteɪʃən/ 리**지**스터드 템프**테이**션	유혹에 저항
planetary system	/ˈsɪstəm/ /ˈplænəˌteri, Brit ˈplænətri/ **시**스텀 **플래**너터리	행성계
as timid as a rabbit	/ˈtɪməd/ /ˈræbət/ **티**머드 **래**버트	비겁
need for constant vigilance	/ˈvɪdʒələns/ /ˈkɑːnstənt/ **비**절런스 **칸**스턴트	끊임없는 경계
visited by a strange notion	/ˈvɪzətəd/ /ˈnoʊʃən/ **비**저터드 **노**우션	이상한 생각이 들었다

연습)

design	dynasty	encyclopedia	isolate	Orion
Tigris	vinyl			

Phrase	Pronunciation 1	Pronunciation 2
designed the new engine	/dɪˈzaɪn/ 디**자**인	
during the Lee dynasty	/ˈdaɪnəsti/ **다**이너스티	/ˈdʊrɪŋ, Brit ˈdjʊrɪŋ/ 두어링, 듀어링
a pictorial encyclopedia	/ɪnˌsaɪkləˈpiːdijə/ 인**싸**이클러**피**디어	/pɪkˈtorijəl/ 픽토리열
isolated rural areas	/ˈaɪsəˌleɪtəd/ **아**이**써**레이터드	/ˈrərəl/ /ˈerijə/ 러[r]럴 애리여
looked for the Orion's Hound	/əˌraɪjənˈʃaʊnd/ 어**라**이연**샤**운드	/ˈlʊktfɚð/ 트[f]퍼[r][th]디
between Tigris and Euphrates river	/ˈtaɪgrəs/ **타**이그러스	/juˈfreɪˌtiːz ˌrɪvɚ/ 유프레이티:즈 리버[r]
vinyl flooring	/ˈvaɪnl̩/ **바**이늘	

단음 i/y의 부수발음 (개략)

- ir/yr 음절은 강세면 /ˈɚ/, 약세면 /ɚ/로 발음됩니다.

    • mirth/ˈmɚθ/,   • martyr/ˈmɑɚtɚ/

- 'i/y+자음+e' 형태의 단어, 'i+모음' 음절 및 막자 i/y의 발음 등 i/y가 포함된

4. o의 주발음

- 단모음 o의 주발음은 강세면 /ˈɑː/, /ˈoʊ/, /ˈʌ/입니다. 발음의 경제성에 의해 강세의 o는 주로 단음 /ˈɑː/로 발음되지만, 다른 단어와 구분시킬 때 또는 부드러운 음운으로 발음될 때에는 /ˈoʊ/로 발음됩니다.

    • dog/ˈdɑːg/   • office/ˈɑːfəs/

    • don't/ˈdoʊnt/   • so/ˈsoʊ/

    • son /ˈsʌn/   • something/ˈsʌmˌθɪŋ/

모음 o 이 단모음으로 소리나는 경우는 입안을 크게 넓히고 입을 조금만 벌리고 [아]로 소리낸다고 생각하시면 좋습니다.
주의할 것은 이 발음이 우리말 '아'처럼 입 앞쪽에서 나는 것이 아니고 입안을 둥글게 만들고 내기 때문에 짧은 [오우]처럼 들릴 수도 있다는 사실입니다.
장모음인 경우도 [오우]아니까 사실상 같은 위치에서 발음되는 셈입니다.

▶ /ˈɑː/는 강음일 때 자연스럽게 발음이 길어져 장음 표시가 붙습니다.

▶ 미국영어는 /ˈɔ/를 /ˈɑː/로 발음합니다. /ɔ/는 /ɑ/에 가까운 /o/로 목 안쪽 깊숙한 곳에서 /o/를 /ɑ/ 쪽으로 살짝 당겨 로리 내는 발음입니다. 발음의 까다로움 때문에 단순화시킨 /ɑː/로 바뀐 것으로 보입니다.

  • law/ˈlɑː/mw /lɔː/oxford

▶ 영국은 /ˈoʊ/를 /ˈəʊ/로 발음합니다. 영국영어는 r을 발음하지 않습니다. 그래서 독일어보다 훨씬 딱딱한 발음이란 평을 듣는 답니다.

  • motor/ˈmoʊtɚ/mw /ˈməʊtə/oxford

▶ /ˈɑː/는 혀 안쪽 아래에서 나는 소리이고, /ʌ/는 혀의 중앙 중간에서 나는 /ɑ/에 가까운 /ə/입니다.

- 약세면 /ə/ 또는 /oʊ/로 발음됩니다. /oʊ/를 빨리 발음하면 /ə/가 됩니다.

  • Olympic/əˈlɪmpɪk/

  • obedient/oʊˈbiːdiənt/

- r이 종성으로 따르는 강음 or과 oi 음절은 /ˈoɚ/와 /ˈɔɪ/로 발음됩니다.

  • minority /məˈnorəti/

  • toilet/ˈtoɪlət/

1) novel - noble - Nobel

▼	-	▼	-	-	▼
no	vel	no	ble	No	bel
ˈɑː	ə	ˈoʊ	ə	oʊ	ˈɛ

2) helicopter

he	li	cop	ter
ˈɛ	ə	ˈɑː	ɚ

▼ - ▼ -

3) orange

o	range	또는	or	ange
ˈɑː	ɪ		ˈor	ɪ

▼ - ▼ -

▶ 강세의 or은 /ˈor/로 발음됩니다. r을 종성일 때입니다.

▶ r이나 l이 뒤따르는 모음은 발음이 길어져 약한 /ə/로 짧게 더해 져 마감됩니다.

4) ■the Odyssey full of wonder, power, and surprises■

O	dy	ssey
ˈɑː	ə	i

▼ - -

연습) o → /ˈɑː/

botany	catalogue	chorus	cooperate	holiday	honest
John	modern	operate	pocket	salon	Thomas

Phrase	Pronunciation	Additional Pronunciation
botany deals with plant life '생물학'	/ˈbɑːtəni/ **바**:터니	
order from a catalogue	/ˈkætəˌlɑːg/ **캐**털라그	/ˈoɚdɚ/ **오**[r]더[r]
Beethoven's symphony #9 'chorus' '합창 교향곡'	/ˈkorəs/ **코**러스	/ˈbeɪˌtoʊvən/ **베**이토우번
will be much easier if everyone cooperates '협동'	/koʊˈɑːpəˌreɪt/ 코우아퍼레이트	

Phrase	Pronunciation	Additional Pronunciation
a holiday afloat '선상 휴가'	/ˈhɑːləˌdeɪ, Brit ˈhɒlədi/ 할러데이	/əˈfloʊt/ 어플로우트
honest citizens	/ˈɑːnəst/ 아너스트	/ˈsɪtəzən/ 씨터즌
John is attached with Anne. '가깝다.'	/ˈdʒɑːn/ 잔	/əˈtætʃt/ 어태치트
a problem in the modern world	/ˈmɑːdɚn/ 마던[r]	
a computer operating system	/ˈɑːpəˌreɪt/ 아퍼레이트	
sit in his pocket '좌지우지'	/ˈpɑːkət/ 파컷	
a beauty salon '미용실'	/səˈlɑːn, Brit ˈsæˌlɒn/ 썰란	/ˈbjuːti/ 뷰티
Thomas, commonly known as Tom	/ˈtɑːməs/ 타머스	/ˈtɑːm/ 탐

연습) o → /ˈoʊ/

aroma	coax	cooperating	cooperate	focused	hopeless
Joseph	pagoda	patrol	program	Wyoming	Thomas

Phrase	Translation	Pronunciation 1	Pronunciation 2
the rich aroma of coffee	'향기'	/əˈroʊmə/ 어로우머	/ˈkɑːfi/ 카[f]피
coax her to take medicine	'어르다'	/ˈkoʊks/ 코욱스	/ˈmɛdəsən/ Brit /ˈmɛdsən/ 메드슨
The pastry is covered with shredded coconut.	'반죽'	/ˈkoʊkəˌnʌt/ 코우커너트	/ˈpeɪstri/ 페이스트리
cooperating on the project	'협조'	/koʊˈɑːpəˌreɪtɪŋ/ 코우아퍼레이팅	/ˈprɑːˌdʒɛkt/n /prəˈdʒɛkt/v 프라젝트, 프러젝트
highly focused ambitions	'고도로 초점이 맞춰진 정렬'	/ˈfoʊkəst/ 포우커스트	/æmˈbɪʃənz/ 엠비션ㅈ

Phrase	Translation	Pronunciation 1	Pronunciation 2
She felt lonely and hopeless.		/ˈhoʊpləs/ 호우플러ㅅ	/ˈloʊnli/ 로운리
baptized him Joseph	'세례명'	/ˈjoʊzəf also -səf/ 조우서프[f]	/ˈbæp.taɪzd/ 뱊타이즈드
the nine-storied pagoda		/pəˈgoʊdə/ 퍼고우더	
a police patrol car		/pəˈtroʊl/ 퍼트로울	/pəˈliːs/ 펄리스
report a program bug		/ˈproʊˌgræm/ 프로우그램	/rɪˈpoɚt/ 리포[r]트
inside the Wyoming Valley		/waɪˈoʊmɪŋ/ 와이오우밍	/ˈvæli/ 벨리

연습) o → /ˈʌ/

| above | Come | compass | love | son | stomach |

단어	발음	설명
the waterfall above the bridge	/əˈbʌv/ /ˈwɑːtɚˌfɑːl/	유성음 사이의 t는 단타음으로 발음됩니다. 단타음은 d 또는 r과 비슷하게 발음됩니다.
Come round to my place!	/ˈkʌm/ \ˈmaɪ, mə\	/tməˈpleɪs/로 발음할 수 있습니다.
the compass of the singer's voice	/ˈkʌmpəs/ /ˈvɔɪs/	voice/ˈvɔɪs/는 '보이스' 형태로 발음됩니다.
Know about the London tower?	/ˈlʌndən/	유성음 사이의 d는 단타음으로 발음됩니다.
Children love dressing up.	/ˈlʌv/	
My son's a little demon!	/ˈsʌnz/ /ˈdiːmən/	
churning stomach with nausea	/ˈstʌmək/ /ˈnɑːzijə/	

단음 o의 부수발음

- olympic/əˈlɪmpɪk/과 Nobel/noʊˈbɛl/에서와 같이 약세 o는 /ə/나 /oʊ/로 발음됩니다. 발음의 경제성에 의해 흔히 단음 /ə/로 발음됩니다. Olympic/əˈlɪmpɪk/에서와 같이 /

oʊ/를 빨리 발음하면 /ə/가 됩니다.

- Los Angeles/lɑˈsændʒələs/에서와 같이 첫 음절의 약세 o는 /ə/와 /oʊ/ 이외에 /ɑ/로도 발음됩니다. 강세가 안 붙어 짧습니다.
- 'o+자음+e' 음절은 envelope/ˈɛnvəˌloʊp/와 같이 '흔히 /ˈoʊ/로 발음되고, above/əˈbʌv/ move/ˈmuːv/처럼 다양하게 발음됩니다.
- oo 음절은 bamboo/bæmˈbuː/처럼 주로 강세가 붙는 /ˈuː/로 발음됩니다. book/ˈbʊk/, look/ˈlʊk/등 일부 단어를 제외하고는 대부분 길게 발음됩니다.
- Chicago/ʃəˈkɑːˌgoʊ/와 같이 막 자 o는 /oʊ/로 발음됩니다.
- ow는 mellow/ˈmɛloʊ/와 crowd/ˈklaʊd/처럼 /ˈoʊ/와 /ˈaʊ/ 양쪽으로 발음됩니다. 반면에 ou는 매우 다양하게 발음됩니다.
- 3장에 다양한 실례가 예시됩니다.

5. u의 주발음

7-1) u → /ˈʌ/로 발음되는 음절들

7-2) 선행 자음의 음운에 따라 변하는 u의 발음

　　　1) 치경음 l, r, s가 선행된 강세의 u 음절

　　　2) 치경음 d, n, t가 선행된 강세의 u 음절

　　　3) 치경음 이외의 자음이 선행된 강세의 u 음절

u는 보통 단모음일때 [어], 장모음일 때 [우] 또는 [유] 로 발음되는 것으로 기억하고 계시면 좋습니다. 물론 아래 설명처럼 치경음과 아닌 것으로 구분할 수는 있지만 좀 복잡하다면, 일단 단순하게 기억하는 방법도 있습니다.

7-3) 약음 u의 발음

u의 발음특성 - 개략

1) 강세의 u 발음

- 자음이 막 자인 한 음절 단어와 두 자음이 뒤따르는 두 음절 이상의 단어의 u는 /ˈʌ/로

발음됩니다.

- sun /ˈsʌn/
- hut/ˈhʌt/
- Columbia/kəˈlʌmbɪə/
- industry/ˈɪndʌstri/

- 치경음과 짝지어 진 u는 /ˈuː/로 발음되고, 나머지는 /ˈjuː/로 발음됩니다.

▶ l, r, s 와 d, n, t가 치경음에 속합니다.

▶ 단지 영국은 치경음 d, n, t와 짝지어 진 u일 때 /ˈjuː/로 발음합니다.

2) 약세의 u 발음

- 약음 u는 앞 자음의 음운에 따라 /jə/, /jʊ/, /ə/로 발음됩니다.

- February/ˈfɛbjəˌweri, ˈfɛbrəˌweri/
- humility/hjuːˈmɪləti, juː-/
- sustain/səˈsteɪn/

5-1) u→ /ˈʌ/로 발음되는 음절들

- 자음이 막 자인 한 음절 단어와 두 자음이 뒤따르는 u는 /ˈʌ/로 발음됩니다. 강세가 붙습니다.

- sun /ˈsʌn/
- hut/ˈhʌt/
- Columbia/kəˈlʌmbɪə/
- industry/ˈɪndʌstri/

▶ /ˈʌ/는 'ㅏ'에 가까운 'ㅓ'입니다.

- 단지 r이 종성으로 뒤따르면 /ɚ/로 발음됩니다.

- churn/ˈtʃɚn/

- 예외)

- pussy/ˈpʊsi/
- thumb/ˈθəm/

연습)

bud	bug	bum	cub	gut	hub
hut	mug	nun	pub	rut	

Phrase	Translation	Pronunciation 1	Pronunciation 2
nip in the bud relentlessly	무자비하게 자르다	/ˈbʌd/	/rɪˈlɛntləs/
You're letting the bugs in.	벌레 초청	/ˈbʌg/	
a bum deal	싼 게 비지떡	/ˈbʌm/	
recommended to join the Cubs	유소년 단원	/ˈkʌb/	/ˌrɛkəˈmɛnd/
the guts of the fish	생선 내장	/ˈgʌt/	
became a hub of game industry	중추	/ˈhʌb/	/ˈɪndəstri/
spent a night at a neatly-weaved log hut	오두막	/ˈhʌt/	
having talk with a mug brimming with coffee		/ˈmʌg/	
pondering seriously becoming a nun	수녀	/ˈnʌn/	/ˈsɪrijəsli/
an Irish pub	선술집	/ˈpʌb/	
Let go the days got into a rut.	판에 박힌 일상	/ˈrʌt/	

연습)

abundant	alumni	August	consultant	exultation	industry
lumber	shudder	sultan	thunder	ultra	ultimate

Sentence	Translation	Pronunciation
Rainfall is more abundant in summer.	풍부	/əˈbʌndənt/
Her parents are alumni of the state university.	동창	/əˈlʌmˌnaɪ/ /ˌjuːnəˈvɚsəti/ 얼룸나이, 유너**버**써티
one sizzling August day	찌는	/ˈɑːgəst/ /ˈsɪzəlɪŋ/ 어거스트 **씨**절링
my august father	엄친	/ɑˈgʌst/

▶ 강음 다음의 중간 음절의 애매모음 /ə/는 흔히 탈락됩니다.

Phrase	Pronunciation	Additional Pronunciation
a computer consultant	/kənˈsʌltnt/ 컨썰튼트	
practiced enunciation of the phrases	/ɪˌnʌnsiˈeɪʃən/ 이넌씨에이션	/ˈpræktəs/ 프렉터스
The crowd cheered in exultation. '환희'	/ˌɛkˌsʌlˈteɪʃən/ 익썰테이션 /ˌɛgˌzʌlˈteɪʃən/ 익절테이션	/ˈtʃɪɚ/
Her husband's a terrible snob. '속물'	/ˈhʌzbənd/	/ˈsnɑːb/

5-2) 선행 자음의 음운에 따라 변하는 u의 발음

Phrase	Pronunciation 1	Pronunciation 2	Translation
praised him for his industry	/ˈɪndʌstri/	/ˈpreɪz/	'근면함을 칭찬'
the heavy industry	/ˈɪndʌstri/		'중공업'
A huge lorry lumbered by	/ˈlʌmbɚ/		'짐 차가 우르릉'
quarter sawed lumber	/ˈlʌmbɚ/	/ˈsɑː/	'네 조각 낸 목재'
His pronunciation is simply terrible	/prəˌnʌn(t)siːˈeɪʃən/	/ˈterəbəl/	
a ruptured gut	/ˈrʌptʃɚd/		'탈장'
shuddered with fear	/ˈʃʌdɚ/		'떨다'
the sultan of Brunei	/ˈsʌltn/ 썰튼	/bruˈnaɪ, ˈbruːˌnaɪ/	'군주'
thumbs down for the proposal	/ˈθəmz/	/prəˈpoʊzəl/	
accepted the award to a thunder of applause	/ˈθʌndɚ/	/əˈplɑːz/ 어팔라즈	
Heine's Tibullus	/tɪˈbʌləs/		
their ultimate goal	/ˈʌltəmət/ 얼터	/ðeɚ/ /ðɚ/	
ultra-modern	/ˌʌltrə/ 얼트러	/ˈmɑːdɚn/ 마던	
Tooth is vulnerable to sugar	/ˈʃʊgɚ/	/ˈvʌlnərəbəl/ 버너러블	

5-2) 선행 자음의 음운에 따라 변하는 u의 발음

- 앞 항의 /ʌ/로 발음되는 u 음절 이외의 강세 u는 선행 자음의 음운에 따라 다음과 같

이 발음됩니다.

1) 치경음 l, r, s와 d, n, t가 선행된 강음 u 음절 → /'u:/

▶ 영국은 치경음 d, n, t가 선행된 강음 u 음절을 /'ju:/로 발음합니다.

2) 치경음 이외의 자음이 선행된 강음 u 음절 → /'ju:/

5-2-1) 치경음 (l r s)와 연음된 강음 u의 발음

가) 강세의 lu, ru, su 음절에서 u는 나)의 조건을 제외하고는 /'u:/로 발음됩니다.

- Luther/'lu:θɚ/
- truth/'tru:θ/
- super/'su:pər, Birt 'sju: pə/

나) 다음의 배열에서는 달리 발음됩니다.

1) 종성 r이 더해 질 때에는 /ɚ/로 발음됩니다.

- lurch/'lɚtʃ/
- surf/'sɚf/

2) 발음을 늘리는 성질이 있는 /l/ /r/ /ʃ/가 연음 될 때에는 짧은 /ʊ/로 기술됩니다.

- bullet/'bʊlət/
- rural/'rʊrəl/
- sugar/'ʃʊgər/　· bush/'bʊʃ/

연습) lu

include	lubricate	luminous	Luther	lunar	plumes
resolute	seclude	aluminum	Lucent	Lucia	

 긴 [우] 발음에 주의하세요!

Phrase	Translation	Pronunciation	Additional Pronunciation
included the price of refreshments	다과 비	/ɪnˈkluːd/	/rɪˈfrɛʃmənt/ 뤼[f]프레시먼트
lubricated the joint	기름칠	/ˈluːbrəˌkeɪt/	
luminous paint	유광	/ˈluːmənəs/	
the story of Martin Luther King		/ˈluːθɚ/	
a lunar eclipse	월식	/ˈluːnɚ/	/ɪˈklɪps/
peacock's colorful plumes	깃털	/ˈpluːm/	/ˈkʌlɚfəl/
a leader with a stern and resolute manner	단호하고 결의에 찬	/ˈrɛzəˌluːt/ 레절러트	
the Secluded Garden	비원	/sɪˈkluːd/	/ˈgɑɚdn/
aluminum		/əˈluːmənəm/	
Lucent		/ˈluːsnt/	
Lucia		/ˈluːʃə/	

연습) ru

crucial	rude	Ruben	ruby	ruin	truth

Phrase	Pronunciation	Translation
Vitamins are crucial for maintaining good health.	/ˈkruːʃəl/, /ˈvaɪtəmən/ Brit /ˈvɪtəmən/ **크루셜, 바이터먼, 비터먼**	
Her rude manner annoyed me.	/ˈruːd/, /əˈnɔɪ/	'무례가' 짜증나게 하다'
a genuine Rubens	/ˈruːbən/, /ˈʤɛnjəwən/	'진품'
Gambling was his ruin.	/ˈruːwən/	'파멸 원인'
ruby sapphire	/ˈruːbi/, /ˈsæˌfaɪɚ/	

연습) su

assume	consumer	sutra	suit		

Phrase	Translation	Pronunciation
I assumed ignorance.	무관심한 척	/əˈsuːm/ /ˈɪɡnərəns/ 어숨, 이그너런스
the benefit of the consumers	소비자의 이익	/kənˈsuːmər/ /ˈbɛnəˌfɪt/
Prajna-Paramita-Sutra	반야바라밀다 심경	/ˈsuːtrə/
a business suit Brown doesn't suit you. a divorce suit	정장 적합 소송	/ˈsuːt/ /dəˈvoɚs/

연습) r/l/ʃ 연음

allure	assure	bullet	lure	plural	rural
sugar					

Phrase	Translation	Pronunciation
the cruise liner 'Allure of the Seas'	'바다의 유혹호'	/əˈlʊɚ/, /ˈkruːz/ 얼루어[r] 크루:즈
He spoke in an assured voice.	'확신에 찬'	/əˈʃʊɚ/ 어슈어[r]
a bullet-proof vest	'방탄조끼'	/ˈbʊlət/
Greed lured him on.	'욕망이 그를 유혹했다'	/ˈlʊɚ/ 루어[r]

Phrase	Translation	Pronunciation
a plural society	복합 사회	/ˈplʊrəl/ /səˈsajəti/ 플루럴, 써싸여티
a rural life	시골 생활	/ˈrʊrəl/
Tooth is vulnerable to sugar	취약	/ˈʃʊɡər/ /ˈvʌlnərəbəl/ 슈거
a sure sign of recovery	확실한	/ˈʃʊɚ, ˈʃɔr/ surely /ˈʃɚli/

5-2-2) 치경음 d n t와 연음된 강음 u의 발음

가) 치경음 d, n, t와 연계된 u는 다음 나)의 조건을 제외하고는 미국은 /ˈuː/ 두로, 영국은 /ˈjuː/ 듀로 발음됩니다.

- duplex /ˈduːˌplɛks/ Brit /ˈdjuːˌplɛks/

- nude /ˈnuːd/ Brit ˈnjuːd/

- tube /ˈtuːb/ Brit /ˈtjuːb/

   ▶ /ˈtju/는 구개음화되어 '츄'로 발음됩니다.

나) 다음의 배열에서는 달리 발음됩니다.

   1) 종성 r이 더해질 때에는 /ɚ/로 발음됩니다..

   - Durban /ˈdɚbən/

   - nurse /ˈnɚs/

   - turn /ˈtɚn/

   2) 발음을 늘리는 성질이 있는 /r/과 연음 될 때에는 /ʊ/로 발음됩니다.

   - duration /dʊˈreɪʃən/ Brit /djʊˈreɪʃən/

연습) du

dubious	due	reduce	dual	duet	duplicate
durability	duty	reduce			

 미국식 이면 [우] 영국식 이면 [유] 발음이 나오는 단어들입니다!

Phrase	Pronunciation	Translation
looked highly dubious	/ˈduːbijəs, Brit ˈdjuːbijəs/ **두**비여스, **듀**비여스	'매우 미심쩍어 했다'
due to a heavy rain	/ˈduː, Brit ˈdjuː/ 두ː, 듀ː	
reduced to its elements	/rɪˈduːs, Brit rɪˈdjuːs/	'원소로 되 돌아 갔다'
a dual-core processor	/ˈduːwəl/ Brit /ˈdjuːwəl/	'이중'
sing a duet	/duːˈɛt, djuː/	'이중창'
a duplicate copy	/ˈduːplɪkət, ˈdjuː/	

Phrase	Pronunciation	Translation
a customs duty	/ˈduːti/ Brit /ˈdjuːti/	'관세'
to reduce expenditure	/rɪˈduːs, Brit rɪˈdjuːs/ /ɪkˈspɛndɪtʃɚ/	지출 절감

연습) nu

Nuance	nude	nuclear	numeral		

Phrase	Meaning	Pronunciation
nuances of meaning	의도가 풍기는 냄새	/ˈnuːˌɑːns/ Brit /ˈnjuːˌɑːns/
leered at the nude painting	곁눈질	/ˈnuːd/ Brit /ˈnjuːd/ /ˈliɚ/
a nuclear reactor	핵 반응기	/ˈnuːklijɚ/ Brit /ˈnjuːklijɚ/
the Arabic numeral		/ˈnuːmərəl/ Brit /ˈnjuːmərəl/ /ˈɛrəbɪk/

연습) su

Student	Tuesday	Tube	Tulip	Tumor	tune

5-2-3) 치경음 이외의 '자음과 연음된 강음 u의 발음

- /ˈʌ/로 발음되는 u 음절 및 치경음과 연음된 u를 제외하고는 기타 자음이 선행된 강음 u는 /ˈjuː/로 발음됩니다. 음운에 따라 더러는 /ˈʊ/, /ˈjə/로도 발음됩니다.

Word	Pronunciation
butane	/ˈbjuːˌteɪn/ **뷰테인**
music	/ˈmjuːzɪk/
computer	/kəmˈpjuːtɚ/

▶ b, m, p는 양순음입니다.

Word	Pronunciation
cute	/ˈkjuːt/
Hubert	/ˈhjuːbɚt/
junior	/ˈʤuːnjɚ/

Word	Pronunciation
Bureau	/ˈbjɚ·roʊ/
Pulitzer	/ˈpʊlətʃˈər/

- 단지 r이 뒤따르면 /ˈjɚ/로 발음되고,

Word	Pronunciation
burn	/ˈbɚn/
Murphy	/ˈmɚ·fi/
cursor	/ˈkɚ·sɚ/
fur	/ˈfɚ/
hurt	/ˈhɚt/

- 또한 발음을 늘리는 성질이 있는 /l/이나 /ʃ/가 연음되는 u는 짧은 /ʊ/로 발음됩니다.

Word	Pronunciation
bull	/ˈbʊl/
bullet	/ˈbʊlət/
bush	/ˈbʊʃ/
pull	/ˈpʊl/
push	/ˈpʊʃ/

연습) bu

attribute	bureau	butane			

 [유] 발음이 나오는 단어들이 나옵니다.

Phrase	Pronunciation
her greatest attribute	/ˈætrəˌbjuːt/ **애트러뷰트**
the Federal Bureau of Investigation	/ˈbjɚ·roʊ/ **벼[r]로우**
butane gas	/ˈbjuːˌteɪn/ **뷰:테인**

연습) mu

music	community	commute	music	mutual

Term	Translation	Pronunciation
community patrol	자치 순찰	/kəˈmjuːnəti/ /pəˈtroʊl/ 커뮤너티, 퍼트로울
the commuter belt	통근 대 지역	/kəˈmjuːtər/ 커뮤터
music for wind and strings	관과 현	/ˈmjuːzɪk/ 뮤ː지ㅋ
mutual back-scratching	상호의존	/ˈmjuːtʃəwəl/ 뮤처얼

연습) pu

computer	pupils	purify		

Term	Translation	Pronunciation
a computer whizz	컴퓨터 전문가	/kəmˈpjuːtə/ 컴퓨터[r]
round area at the center of the eye pupil	동공	/ˈpjuːpəl/ 퓨펄
water-purifying tablets	정화제	/ˈpjɚrəˌfaɪ/, /ˈtæblət/ 퍼러[r][f]파이, 태블럿

연습) u

uniform	university	utility		

Phrase	Translation	Pronunciation
a dashing uniform	멋있는 제복	/ˈjuːnəˌfoɚm/ 유너포엄[r]
a university professor		/ˌjuːnəˈvɚsəti/ 유너버[r]써티
public utilities	공공 설비	/juːˈtɪləti/ 유틸러티

연습) cu

| acute | cucumber | curlosity | cushion | vacuum |

Phrase	Pronunciation	Translation
Acute food shortage	/əˈkjuːt/ 어큐ㅌ	심각한; 격심한, 지독한
Cuba and related topics	/ˈkjuːbə/ 큐버	
cubic equation	/ˈkjuːbɪk/ 큐비ㅋ	3차 방정식
I'll cue you in when ready	/ˈkjuː/ 큐:	
Cupid's bow	/ˈkjuːpəd/ 큐퍼ㄷ	/ˈbaʊ/
intellectual curiosity	/ˌkjɚriˈɑːsəti/ 켜[r]리아써티	지적 호기심
finding ways of cushioning the shock	/ˈkʊʃən/ 쿠션	
What a cute baby!	/ˈkjuːt/ 큐ㅌ	
a vacuum chamber	/ˈvæˌkjuːm/ 배큠	

연습) fu

| fume | funeral | future | fulfill | furious | fusion |

Phrase	Pronunciation	Translation
The fumes almost choked me.	/ˈfjuːm/ 퓸	
a funeral hosted by the KAF	/ˈfjuːnrəl, ˈfjuːnə‑/ 퓨느럴, 퓨너럴	'한국 산악 연맹'
curious about my future	/ˈfjuːtʃɚ/ 퓨쳐[r]	'궁금'
showed that they were furious	/ˈfjʊriəs/ 퓨리여스	
fusion energy	/ˈfjuːʒn/ 퓨즌	'융합 에너지'

연습) hu

| humorous | Hubert | human | humorous | |

Phrase	Pronunciation	Translation
humorous and moving	/ˈhjuːmrəs/ 휴므러스	'해학적이고 감동적인'
Hubert, Jackson	/ˈhjuːbɚt/ 휴버[r]트	
the human species	/ˈhjuːmən, ˈjuː-/	'인류'
hang out with humorous people	/ˈhjuːmrəs/	'어울리다'

연습) ju

| Jurassic | jury | juvenile | | |

Phrase	Pronunciation	Translation
the Julian date of 366	/ˈdʒuːlɪjən/ 쥴리연	윤년 12월 31일
The 21st of June	/ˈdʒuːn/ 쥰	
He is three years her junior	/ˈdʒuːnjɚ/ 쥬니여[r]	
Find the brightest planet and that's Jupiter	/ˈdʒuːpətər/ 쥬퍼터	
trial by jury system	/ˈdʒʊri/ 주리	배심 제도에 의한 재판
children and juveniles, a juvenile sense of humor	/ˈdʒuːvəˌnajəl/ 주:버나열	아이들과 청소년들, 미숙한

연습) chu

| Massachusetts | | | | |

Phrase	Pronunciation
Boston, Massachusetts	/ˌmæsəˈtʃuːsəts/ 매써츄써스

연습) r/l/ʃ 연음

| bull | bullet | bush | push | pull |

Phrase	Pronunciation
Chicago bulls	/ˈbʊl/
a bullet-proof vest	/ˈbʊlət/
a rose bush arching the entrance, Spent ten years in the bushes, 'Minor league'	/ˈbʊʃ/
You push and I'll pull	/ˈpʊl also ˈpəl/ /ˈpʊʃ/

5-3) 약음 u

- 약음 u는 짝 지어진 자음의 음운에 따라 /jə/, /jʊ/, /ə/로 발음됩니다.

Word	Pronunciation
February	/ˈfɛbjəˌweri, ˈfɛbrəˌweri/ **[f]페벼워리**
humility	/hjuːˈmɪləti, ju:-/ 휴**밀**러티
sustain	/səˈsteɪn/ 써**스테**인

연습)

| calculus | contribute | fortune | genuine | Injure | manipulate |
| regulation | reputation | stadium | | | |

Phrase	Pronunciation
Need algebra or calculus in real life?	/ˈkælkjələs/, /ˈældʒəbrə/ 캘컬러스, **앨**저브러
Heavy drinking contributed to her health.	/kənˈtrɪbjət/ 컨트리벼ㅌ
Planted the cucumber seed	/kjuːˌkəmbər/ 큐:컴버[r]
Fortune smiling on us	/ˈfoɚtʃən/ 포어[r]쳔
Fulfill a lifelong dream	/fʊlˈfɪl/ 풀필
A genuine Rubens	/ˈdʒɛnjəwən/ 제녀원
Humanitarian aid	/hjuˌmænəˈterijən/ 휴매너테리연

Phrase	Pronunciation
Mock humility	/hjuːˈmɪləti/ 휴밀러티
Seriously injured	/ˈɪndʒɚ/ 인져[r]
On one July morning	/dʒʊˈlaɪ, dʒə-/ 줄라이
Like the Jurassic Park on the Jurassic period	/dʒʊˈræsɪk/ 주래식

3장
모음의 부수발음

모음의 부수발음

우리는 학교에서 영어의 다섯 가지 모음, a, e, i, o, u를 배울 때, 그 발음을 이렇게 외웠습니다: [아], [에], [이], [오], [우]. 이건 참 외우기 쉬운 규칙이었고, 많은 분들이 지금도 이 발음을 떠올리며 단어를 읽습니다.

하지만 과연, 영어 원어민들도 그렇게 발음할까요?

이제 'apple'을 떠올려 봅니다. 우리 대부분의 한국인 들이 알고 있듯이 실제 원어민들은 [애플]로 발음하죠. 그렇다면 어째서 알고 있는 규칙대로 아플이 아닌가요? 또, ago에서의 a는 어떤가요? 거기선 [어]에 가깝습니다. 그리고 name에서는 또다시 [에이]라는 전혀 다른 소리로 등장합니다.

이쯤 되면 한 가지 질문이 떠오를 수밖에 없습니다.

"같은 a인데 왜 이렇게 소리가 다를까?"

그 이유는 단 하나입니다. 영어는 '철자 = 소리'라는 공식이 통하지 않는 언어이기 때문입니다. 특히, 모음은 강세와 문맥에 따라 유연하게 변하는 성질을 가지고 있습니다.

이 장에서는 우리가 그동안 '고정된 발음'이라 믿어 왔던 모음들의 실체를 하나씩 벗겨내고, a는 왜 [애], [어], [에이]처럼 다양하게 들리는지, 강세가 발음에 어떤 영향을 미치는지에 대해 알아보려 합니다.

1. a의 부수발음

1-1) 첫 음절의 약음 a

1-2) a → /ˈɑː/ 또는 /ɪ/

1-3) ar 음절

1-4) al, au, aw 음절

1-5) 'a+자음+e' 형태의 음절

1-6) a로 끝나는 단어

1-8) a를 포함하는 접미사/어미 → 4장

-able/-ible -ad -ade -age -ain -air -aire(F) -al -ance -ant -ar -are -ate
-gram -mat -tal

1-1) 첫 음절의 약음 a

- 첫 음절 약음 a는 원칙적으로 /ə/로 발음됩니다. /ə/와 /æ/ 양쪽으로 발음되기도 하고, 일부 단어에서는 /æ/로만 발음됩니다.

기본적으로 a 의 약음은 [어] 라는 것을 기억하시면 좋습니다.
그런데 경우에 따라서 [애] 나 [이]로도 발음된다는 것은 아셔도 좋고 모르셔도 좋습니다.
한마디로 너무 복잡하다 싶으면 패스하시고, 그런 경우도 있다라고 알아두세요.
다만, al, au, aw 발음은 꼭 알아두셔야 합니다.

연습)

address	adapt	appropriate	arouse	material

영어 표현	한국어 의미	발음
an impromptu address	즉흥 연설	/əˈdrɛs/, /æˈdrɛs/, /ˈæd ˌrɛs/, /mˈprɑːmptu/ 어드레스, 애드레스, 애드레스, 임**프람**프투
adapted to the dark	적응	/əˈdæpt/, /æ–/, /ˈdɑɚk/ 어**댑**트, 다[r]크
appropriate attire is expected	알맞은 차림	/əˈproʊpriət/, /əˈtajɚ/ 어**프로**우피리어트, 어**타여**[r]
without arousing suspicion	의심일지 않도록	/əˈraʊz/, /səˈspɪʃən/ 어**라**우즈, 써**스피**션
regards her as executive material	임원 재목감	/məˈtɪriəl/, /ɪgˈzɛkjətɪv/ 머**티**리열, 이그**제**켜티브

연습)

| ambassador | fantastic | magnificent | | | |

DETAILS	PRONUNCATION
Officials met with the ambassador	/ æmˈbæsədɚ / \ æmˈbæsədɚ, əm–, ɪm–\ /ˈɛmbəsi/ 앰**배**써더[r], 엄**배**써더, 임배써더, **엠**버씨
Had a fantastic time	/fænˈtæstɪk\ fænˈtæstɪk, fən-\ 팬태스틱
Yuna gave a magnificent performance	/ mægˈnɪfəsənt / \ mægˈnɪfəsənt, məg-\ 매그니[f]퍼쓴ㅌ,

연습)

| antenna | antique | | | |

TERM	DESCRIPTION	PRONUNCIATION
iPhone 4's flawed antenna	결함 있는	/ænˈtɛnə/ /ˈflɑːd/
an antique dealer		/ænˈtiːk/

1-2) a→/ˈɑː/ 또는 /ɪ/

- a가 /ˈɑː/로 발음되는 세 가지 경우가 있습니다.

1) 미국과 영국이 같이 /ˈɑː/로 발음되는 단어들

WORD	PRONUNCIATION
father	/ˈfɑːðɚ/
water	/ˈwɑːtɚ/
waffle	/ˈwɑːfəl/
wand	/ˈwɑːnd/
squad	/ˈskwɑːd/
qualify	/ˈkwɑːləˌfaɪ/

▶ f 다음의 강세 a는 father에서만 /ˈɑː/로 발음되고 나머지는 /ˈæ/나 /ˈeɪ/로 발음됩니다. wa는 대체로 /ɑː/로 발음됩니다. whack, wag, wax 정도만 /ˈæ/로 발음됩니다.

▶ w는 'ㅜ'를 발음할 때의 입 모양으로 발음을 시작합니다.

WORD	ORIGINAL PRONUNCIATION	NEW PRONUNCIATION
water	/ˈwɑːtɚ/	/ʊˈwɑːtɚ/
squad	/ˈskwɑːd/	/ˈskʊwɑːd/

2) 미국은 /ˈæ/, 영국은 /ˈɑː/로 발음되는 단어들

WORD	PRONUNCIATION
branch	/ˈbræntʃ, Brit ˈbrɑːntʃ/
drama	/ˈdrɑːmə, ˈdrɑːmə, ˈdræmə/

▶ Mr. Barack, Obama/bəˈrɑːk//oʊˈbɑːmə/는 동부식 발음입니다. /bəˈræːk/ /oʊˈbæmə/로 불릴 수도 있었을 것입니다.

▶ 영국에서는 100여 개의 단어만 /ˈɑː/로 발음된다고 합니다.

3) ar 음절 및 al/au/aw음절 → 1-3) 및 1-4) 항에

- 약음 a가 희소하게 /ɪ/로 발음되는 단어들

WORD	PRONUNCIATION
accept	/ɪkˈsɛpt/ 익쎕트
accessory	/ɪkˈsɛsəri/ /ɪkˈsɛsəri, æk-, ɛk-, -ˈsɛsri, əkˈsɛ-/ 익쎄서리, 액-
baggage	/ˈbæɡɪdʒ/ 배기지
character	/ˈkerɪktɚ/

/ˈæ/와 /ˈɑː/

1) 강세 a의 주발음은 영국에서도 /ˈæ/였지만 17세기부터 일부 단어에서 /ˈɑː/류로 바뀌어 발음되기 시작하여, 현재에는 100여 개의 단어가 이렇게 발음된다고 합니다.

2) 미국 동부 및 인접한 남부에서는 고급스럽다고 여겼던 영국식 발음을 따르기 시작하였으나 교류가 별로 없었던 미국의 여타 지역에서는 /ˈæ/가 그대로 유지되어 왔다고 합니다.

1-3) ar 음절

- 강세면 /ˈɑɚ/, 약세면 /ɚ/로 발음됩니다.

  • car/ˈkɑɚ/\ˈkɑɚ, ˈkor, ˈkyɑɚ\

▶ r이 다음 음절의 초성일 때가 아닌 종성일 때입니다.

ar발음은 우리 표기법으로는 [아얼] 또는 [아ㄹ]로 표기할 수밖에 없는데, 주의할 것은 절대 두 음절로 발음하지 않고 [얼] 아니 [ㄹ] 부분에서 입천장에 혀가 살짝 닿도록 굴리듯 발음합니다. 계속적으로 입안쪽이 벌어지면서 나오는 발음이죠.

- 약세 첫 음절 ar은 흔히 /ɚ/가 아닌 /ɑɚ/로 발음됩니다.

단어	발음	설명
carnation	kɑɚˈneɪʃən	r이나 l이 뒤따르는 모음은 발음이 길어 집니다. /ə/와 미약한 'ㄹ' 받침이 덧붙여 진 /ɚ/가 첨가됩니다.
particular	pəˈtɪkyələɚ	'ㄹ' 받침은 같은 음운 다른 치경음이 뒤 따르면 탈락됩니다.

- r이 종성으로 붙은 ar, er, ir, or, ur의 발음특성을 다음 표와 같이 종합할 수 있습니다.

음소	강세	약세
ar	/ˈɑɚ/	/ɚ/
er	/ˈɚ/	/ɚ/
ir/yr	/ˈɚ/	/ɚ/
or	/ˈoɚ/	/ɚ/
ur	/ˈɚ/	/ɚ/

정리하면 ar은 [아ㄹ], or은 [오ㄹ], ir과 er과 ur은 모두 [어ㄹ]라고 생각하시면 됩니다.

연습)

alarm	barbecue	caramel	harvest	Martin	particular

문장	발음	설명
The alarm didn't go off this morning.	/əˈlɑɚm/, /ˈmoɚnɪŋ/ 얼람[r], 모어[r]닝	모음이 종성 r이나 l과 연음되면 약한 /ə/가 덧붙여져 발음됩니다.
a barbecue party	/ˈbɑɚbɪkju/, /ˈpɑɚti/ 바[r]비큐:, 파[r]티	모음이 종성 r이나 l과 연음되면 약한 /ə/가 덧붙여져 발음됩니다.
April 7 is Caramel Popcorn Day.	/ˈkæɚməl, ˈkerəməl/ /ˈpɑːpˌkoɚn/ 카[r]멀, 케러멀, 팝콘[r]	r을 종성으로 발음할 것인가, 다음 음절의 초성으로 발음할 것인가에 따라 발음이 변합니다.

TEXT	PHONETIC TRANSCRIPTION
He wears a carnation.	/kɑɚˈneɪʃən/, /ˈweɚz/ 카[r]네이션, 웨어[r]즈
Fall is the season of harvest.	/ˈhɑɚvəst/, /ˈfɑːl/ 하[r]버스트, [f]팔:
Dr. Martin Luther King Jr.	/ˈmɑɚtən/, /ˈlu:θɚ/ 마[r]튼, 루[th]써[r]
have a particular axe to grind	/pɚˈtɪkjələɚ/, /ˈgraɪnd/ 퍼[r]티컬러[r], 그라인드

▶ particular의 'par'의 r은 t로 인해 탈락됩니다. r과 t는 같은 치경음이고, 두 음이 연음되면 혀 놀림이 엉켜 한 음이 탈락됩니다.

▶ grind의 /g/눈 뒤따르는 r로 인해 '그;가 아닌 '구'로 발음됩니다.

연습)

harmonica	sarcastic				

단어	발음	의미
harmonica	/hɑɚˈmɑːnɪkə/ 하[r]마니커	하모니카
wow	/ˈwaʊ/ 와우	감탄시키다

단어	발음	의미
sarcastic	/saɚˈkæstɪk/ 싸[r]케스틱	비방하는
jarring	/ˈdʒɑɚ/ 자[r]	거슬리는

연습)

calendar	placard			

TERM	PRONUNCIATION
appointment calendar	/əˈpɔɪntmənt/ /ˈkælənda/ 어포인트먼트, 캘런더[r]
protesters carrying placards	/ˈplækəd, -ˌkɑɚd/ /ˈkeri/ 플래커[r]ㄷ, 케리

1-4) al, au, aw 음절

1) al 음절

- 한 음절 단어에서의 al 음절의 a는 /ˈɑː/로 발음됩니다.

WORD	PHONETIC
all	/ˈɑːl/
ball	/ˈbɑːl/
call	/ˈkɑːl/
fall	/ˈfɑːl/
hall	/ˈhɑːl/

▶ 예외) half/ˈhæf, Brit ˈhɑːf/

- all의 의미를 갖는 al음절의 a는 /ɑː/로 발음됩니다. 결합된 단어와 경중을 따져 강세나 약세로 발음됩니다.

WORD	PRONUNCIATION
almost	/ˈɑːlˌmoʊst/
already	/ɑːlˈrɛdi/

- a의 강음과 약음의 주발음인 /ˈæ/나, /ə/로도 발음되고,

WORD	PRONUNCIATION
falcon	/ˈfælkən, ˈfɑːlkən/ **팰컨**
ballistic	/bəˈlɪstɪk/ 벌리스틱

- l은 발음으로는 탈락되기도 합니다.

WORD	PRONUNCIATION
salmon	/ˈsæmən/ **쌔먼**
calf	/ˈkæf/ Brit /ˈkɑːf/ **캐프**

 모음 다음에 l[얼]이 소리가 안 나는 경우는 은근히 많습니다. Salmon, calf 이외에도 would, could, should, golf, Lincoln, half, talk, walk 같은 단어들도 있습니다.

2) au 음절

- au 음절은 강세면 /ˈɑː/, 약세면 /ə/로 발음됩니다.

WORD	PRONUNCIATION
automobile	/ˌɑːtəmoʊˈbiːl/ **아터모우빌**
authority	/əˈθɔrəti/ 어[th]**쏘러티**

▶ 예외) • laugh/ˈlæf, Brit ˈlɑːf/ • aunt/ˈænt, ˈɑːnt/

3) aw 음절

- aw음절은 항상 강세의 /ˈɑː/로 발음됩니다.

  • law/ˈlɑː/

  ▶ awry/əˈraɪ/('잘못된')는 wry/ˈraɪ/('뒤틀린')에 접두사 a를 붙인 단어라 발음이 다릅니다.

au나 aw 발음들은 [아]로 생각할 수 있지만 입 안쪽에서 나는 소리이기 때문에 [오]처럼 들릴 수 있습니다. 우리 말에서 처럼 입 앞쪽에서 벌려서 나는 소리가 아니라는 것이 중요합니다. 이 발음은 확실히 구분해 주시면 좋습니다.
draw, saw, audio, author 같은 단어들이 있습니다.

연습)

although	always	appall			

SENTENCE	PRONUNCIATION	TRANSLATION
Although he was thirsty, he could not drink.	/alˈðoʊ/ /ˈθɚsti/ 알[th]도우, [th]써[r]스티	
He always tries, but not succeed.	/ˈɑːlˌweɪz/ /səkˈsiːd/ 알웨이즈, 썩씨드	성공하지 못한다
The thought of war appalls me.	/əˈpɑːl/ /ˈθɑːt/ 어팔, [th]싸ː트	두렵고, 떨리고, 싫은

연습)

hallow	malfunction			

영어 문구	한국어 번역	발음
hallowed their traditions	관행을 신성시하다	/ˈhæloʊ/ /trəˈdɪʃən/ 핼로우, 트러디션
causing the system to malfunction	고장나게	/ˌmælˈfʌŋkʃən/ 맬펑션

연습)

audio	auction	caution	exhaust	fault	haul
Paul	trauma				

TEXT	PRONUNCIATION
audio recording system	/ˈɑːdiːˌoʊ/ /rɪˈkoɚdɪŋ/
bought a notebook computer at an auction	/ˈɑːkʃən/ /ˈbɑːt/
need to drive with extreme caution	/ˈkɑːʃən/ /ɪkˈstriːm/
It'll exhaust all your savings	/ɪgˈzɑːst/ /ˈjoɚ/ /jɚ/
Lack of courage is his worst fault.	/ˈfɑːlt/ /ˈkɚːnʤ/
hauled the boat up onto the beach.	/ˈhɑːl/ /ˈɑːntʊ/
Saint Paul	/ˈpɑːl/
fully recovered from the traumas	/ˈtrɑːmə/ \ˈtrɑːmə, ˈtraʊmə\

연습)

authentic	august	laugh	aunt	restaurant

PHRASE	PRONUNCIATION
an authentic Persian rug	/əˈθɛntɪk/ /ˈpɚzən-/ Brit /ˈpɚːʃən-/
my august father	/ɑːˈgʌst/ /ˈɑːgəst/
on one of the scorch August day	/ˈskoɚtʃ/
a restaurant that serves Italian food	/ˈrɛstəˌrɑːnt/ /ɪˈtæljən/

연습)

awesome	awkward	draw	law	raw	saw

ENGLISH PHRASE	TRANSLATION	PRONUNCIATION
The movie was totally awesome.	멋있다	/ˈɑːsəm/, /ˈtoʊtl_i/
an awkward writer	서툰 작가	/ˈɑːkwərd/
The computer can draw the graph for you.		/ˈdrɑː/
He didn't want to draw attention to himself.		/ˈdrɑː/

ENGLISH PHRASE	TRANSLATION	PRONUNCIATION
She felt drawn to the young man.		/ˈdrɑːn/
a career in law enforcement	경찰	/ˈlɑː/, /kəˈriɚ/
You can eat carrots raw.		/ˈrɑː/, /ˈkerət/
used a power saw		/ˈsɑː/

1-5) 'a+자음+e' 형태의 단어

1) 한 음절 단어

- 'a+자음+e' 형태의 한 음절 단어는 /ˈeɪ+자음/로 발음됩니다.

   • babe/ˈbeɪb/

- 반면에 'a+자음' 형태의 막 자 e가 없는 한 음절 단어는 /ˈæ+자음/로 발음됩니다.

   • cat/ˈkæt/

보통 silent e 라고 부르는 경우인데요. 제일 끝에 e는 발음하지 않고, 자음 하나 건너서 있는 모음이 자신의 이름이 자신의 발음이 된다라는 규칙입니다.
a는 [에이]로 발음하고 e는 [이], i는 [아이], o는 [오우], 그리고 u는 [유]로 발음됩니다.
아주 유명한 규칙인데, 중요한 것은 강세가 없으면 역시 [어] 나 [으]로 발음하시면 됩니다.

2) 두 음절 이상인 'a+자음+e' 형태의 단어

- 'a+자음+e' 형태의 음절은 두 음절 이상 단어에서 /eɪ+자음/ 또는 /ə+자음/으로 발음됩니다. 품사에 따른 특성이 없습니다.

WORD	PRONUNCIATION	PART OF SPEECH
mistake	məˈsteɪk	n
surface	ˈsɚ·fəs	n v

- 접미사 -ade, -age, -ate는 달리 발음됩니다. (→3장)
- 어미 -ale의 a는 /ˈæ/로도 발음됩니다.

단어	발음	의미
morale	/məˈræl/ **머랠**	사기
moral	/ˈmorəl/ **모럴**	도덕
chorale	/kəˈræl/ **커랠**	합창
choral	/ˈkorəl/ **코럴**	합창의
locale	/loʊˈkæl / Brit /ləʊˈkɑːl/ **로우켈, 러우칼**	현장
local	/ˈloʊkəl/ **로우컬**	지역의
rationale	/ˌræʃəˈnæl/ **래셔넬**	해명
rational	/ˈræʃənl/ **래셔늘**	

연습)

date	mate	ate	cage	haze	place
rage					

PHRASE	TRANSLATION	PRONUNCIATION
the biggest one we've had	오늘 현재까지	/ˈdeɪt/ /ˈbɪgəst/
Sorry, mate, I can't help you.	친구여	/ˈmeɪt/
Pandas rarely mate in captivity.	짝짓기	/ˈmeɪt/ /kæpˈtɪvəti/
The bar was filled with a smoky haze.	연무	/ˈheɪz/
ate		/ˈeɪt/
cage		/ˈkeɪdʒ/
place		/ˈpleɪs/
rage		/ˈreɪdʒ/

연습)

app	map	pat		

app map pat	/ˈæp/ /ˈmæp/ /ˈpæt/

연습)

erase	estate	interface	purchase	template

PHRASE	PRONUNCIATION	PART OF SPEECH
The files were accidentally erased	/ɪˈreɪs, Brit ˈreɪz/ /ˌæksəˈdɛntl̩ˌ/	v
An estate exempt from taxes	/ɪsˈteɪt/ /ɪgˈzɛmpt/	n
The man-machine interface	/ˈɪntɚˌfeɪs/	n
Purchased a suit for a hundred dollar	/ˈpɚtʃəs/	v
Her career was my template	/ˈtɛmplət/	n

1-6) 막 자 a

- 막 자 a는 /ə/로 발음됩니다. 앞 음절에 강세가 붙는 접미사 -ian/-ia와 비슷한 특성이 있습니다. 접미사 -ia가 붙은 단어가 명사이듯 막 자 a가 붙은 단어도 명사입니다.

  • aroma/əˈroʊmə/

  ▶ 막 자 a는 복수를 나타내는 접미사로도 쓰입니다.

    • datum/ˈdeɪtəm/ /ˈdætəm/ → data/ˈdeɪtə, ˈdætə/

연습)

ameba	arena	banana	charisma	Madonna	pajama
pizza	sofa	veranda			

TEXT	PRONUNCIATION
Fven amoeba are sensible creatures.	/əˈmiːbə/ /ˈkriːtʃɚ/ 어**미**버, **크**리쳐
a basketball arena	/əˈriːnə/ /ˈbæskɪtˌbɔːl/ Brit /ˈbɑːskɪtˌbɔːl/ 어**리**너, **배**스킷발, **바**스킷볼
The candidate was lacking in charisma.	/kəˈrɪzmə/ 커**리**즈머
Veranda is a long, open structure outside building.	/vəˈrændə/ 버**랜**더

WORD	PRONUNCIATION
banana	/bəˈnænə, Brit bəˈnɑːnə/ 버**내**너
Madonna	/məˈdɑːnə/ 머**다**너
pajama	/pəˈdʒɑːmə/ 퍼**자**머
pizza	/ˈpiːtsə/ **핏**서
sofa	/ˈsoʊfə/ **쏘**우퍼

2. e의 부수발음

2-1) 첫 음절의 약음 e

2-2) er 음절

2-3) ea, ear, ee, ei, eu/ew 음절

2-4) e를 포함하는 접미사/어미 → 4장

- ect -eer(F) -en -ence -ent -er -ere -ern -ese -et(F) -ette(F) -esque
- ess -eur/-euse -eur(F) -euse(F) -gress -metry -press -scent -self

e가 약세로 발음되는 경우 일반적으로 [으]라고 발음된다고 생각하시면 편합니다. [이]로 발음되는 경우도 있지만, 강세가 없기 때문에 두 발음을 거의 구분할 수 없죠. 아래 예 중에서 entire를 [인타이어]와 [은타이어] 두가지로 발음해보시면 약세인 경우에 [인]인지 [은]인지 구별할 수 없다는 것을 알수 있습니다.

2-1) 첫 음절의 약음 e

- 약세의 첫 음절 e의 주발음은 /ɪ/입니다. 영국발음은 대부분 /ɪ/로 발음되지만, 미국 발음은 음운에 따라 /ə/로도 발음됩니다.

WORD	PRONUNCIATION
entire	/ɪnˈtajɚ/ 인**타**이어[r]
essential	/ɪˈsɛnʃəl/ 이**쎈**셜
petition	/pəˈtɪʃən/, /prˈtɪʃ(ə)n/ 퍼**티**션

- 첫 음절 /ə/가 탈락되어 '_'로 슬쩍 발음되거나 생략되기도 합니다. /ɪ/>/ə/>'_'의 음가(음의 길이)를 갖습니다.
  - 'bout ← about/əˈbaʊt/

연습) 첫 음절 약음 e → /ɪ/

PHRASE	PRONUNCIATION	TRANSLATION
Necessity is the mother of invention	/nɪˈsɛsəti/ /ɪnˈvɛnʃən/ 니**쎄**써티, 인**벤**션	
I regret my youthful follies	/rɪˈgrɛt/ /ˈfɑːli/ 리**그렛**, [f]**팔**리	어리석음
nurse feelings of revenge	/rɪˈvɛndʒ/ /ˈnɚs/ 리**벤**ㅈ, 너[r]스	키우다

WORD	PRONUNCIATION
delight	/dɪˈlaɪt/
enamel	/ɪˈnæməl/
escape	/ɪˈskeɪp/
mechanic	/mɪˈkænɪk/

연습) 첫 음절 약음 e → /ə/

WORD	PRONUNCIATION (MW)	PRONUNCIATION (OXF)
Nevada	/nəˈvædə, nəˈvɑːdə/ 너**배**더	/nɪˈvɑːdə/ 니**바**더

WORD	PRONUNCIATION (MW)	PRONUNCIATION (OXF)
pedestrian	/pəˈdɛstriːən/ 퍼데스트리언	/pɪˈdɛstrɪən/ 피데스트리언
sensation	/sɛnˈseɪʃən/ 쎈세이션	/sɛnˈseɪʃən, sən–/ 쎈세이션

2-2) er 음절

- er 음절은 /ɚ/로 발음됩니다. 강세와 약세의 차이만 있습니다.

WORD	PRONUNCIATION
service	/ˈsɚvəs/ 써[r]버스
teacher	/ˈtiːtʃɚ/ 티쳐[r]
calendar	/ˈkæləndɚ/ 캘런더[r]
doctor	/ˈdɑːktɚ/ 닥터[r]

다시 한번 기억을 되살려보면 ar은 [아r], or은 [오r], ir과 er과 ur은 모두 [어r] 라고 했었던 것을 기억하시게 됩니다.

연습) er 음절

SYMBOL	PRONUNCIATION
0.1cm	point one centimeter
	/ˈsɛntəˌmiːtɚ/ 쎈터미터

PHRASE	MEANING	PRONUNCIATION
cross the Sahara Desert	사막	/ˈdɛzɚt/
a castaway on a desert island	황량한	/ˈdɛzɚt/
desert wastes	폐기	/dɪˈzɚt/
rewarded his deserts	응분의 보상	/dɪˈzɚt/
the dessert trolley	디저트	/dɪˈzɚt/

WORD	PRONUNCIATION
Sahara	/Səˈherə/ 써**해**러
castaway	/ˈkæstəˌweɪ/ **캐**스터웨이

PHRASE	MEANING	PRONUNCIATION
percent per annum	년 율	/pɚˈsent/ /pɚˈænəm/ 퍼[r]**쎈**트, 퍼[r]**애**넘
an authentic Persian rug	진품	/ˈpɝʒən, Brit -ʃə/ /əˈθentɪk/ **퍼**[r]젼, 어[th]**쎈**틱
services is extremely competitive		/ˈsɝvəs/ /kəmˈpetətɪv/ **써**[r]버스, 컴**페**터티브
She read classics at university.	고전 전공	/ˌjuːnəˈvɝsəti/ /ˈred/

2-3) ea, ear, ee, ei, eu/ew 음절

- 이중모음일 때에는 항상 강세가 붙습니다.

1) ea 음절은 /ˈiː/ 또는 /ˈɛ/로 발음됩니다. 강세가 붙습니다.

WORD	PRONUNCIATION
appeal	əˈpiːl
breast-fed	ˈbrɛst//ˈfɛd

▶ ea의 a는 발음에 영향을 주지 않고, 단지 단어를 구분 짓는 역할만 합니다. 따라서 강세의 e가 주발음 /ˈɛ/나 /ˈiː/로 발음되는 것과 같은 형태입니다.

ea 또는 ee 의 발음이 긴 [이] 라는 것은 꼭 알고 계셔야 합니다. 하지만 ear 의 발음 같은 경우는 이런 단어별로 예를 알고 계시는 것이 더 좋습니다. 헷갈리니까요.

2) ear 음절은 /ˈɝ/, /ˈɛɚ/, /ˈɪɚ/ 또는 /ˈɑːr/로 다양하게 발음됩니다. 강세가 붙습니다.

WORD	PRONUNCIATION
pearl	/ˈpɝl/

WORD	PRONUNCIATION
search	/ˈsɚtʃ/
tear	/ˈteɚ/
swear	/ˈswɛɚ/
sear	/ˈsiɚ/
tear	/ˈtiɚ/
heart	/ˈhɑɚt/
hearth	/ˈhɑɚθ/

3) ee 음절은 강세가 붙는 /ˈiː/로 발음됩니다.

WORD	PRONUNCIATION
between	bɪˈtwiːn
employee	ɪmˌplɔɪˈiː, ɪmˈplɔɪˌiː

▶ 예외; committee/kəˈmɪti/, coffee/ˈkɑːfi/

4) ei 음절은 /ˈeɪ/, /ˈiː/ 또는 /ˈaɪ/로 발음됩니다. 강세가 붙습니다.

WORD	PRONUNCIATION
weight	/ˈweɪt/
leisure	/ˈliːʒɚ/ Brit /ˈlɛʒə/
height	/ˈhaɪt/

5) eri 음절은 /ˈiri/로 발음됩니다. 강세가 붙습니다.

- material /məˈtiriəl/

   ▶ r이나 l이 뒤따르는 모음은 발음이 길어 집니다. /ə/가 살짝 덧붙여 지고 이어 미약한 ㄹ 받침이 붙거나 음운에 따라 탈락됩니다.

   ▶ 영국 Oxford 사전은 이러한 발음특성을 뚜렷이 기술하고 있습니다. 반면에 미국사전은 이를 표시하지 않았습니다.

   ▶ 어미 -ere 의 발음특성은 일정하지 않습니다.

WORD	PRONUNCIATION
here	/ˈhiɚ/
interfere	/ˌɪntɚˈfiɚ/
there	/ˈðeɚ/
conference	/ˈkɑ:nfərəns/

eu/ew 발음 때문에 헷갈리는 사람들이 제 학생들 중에도 많은 데요. 앞에 e를 신경쓰지 말고 긴 [유]로 발음한다고 생각하시면 됩니다.

6) eu/ew 음절은 /ˈu:/나 /ˈju:/로 발음됩니다. 강세가 붙습니다.

WORD	PRONUNCIATION
maneuver	/məˈnu:vɚ/ 머**뉴**버
nephew	/ˈnɛfju/ 네**퓨**

연습) ea → /ˈi:/

TERM	TRANSLATION	PRONUNCIATION
novels with popular appeal	대중이 선호하는	/əˈpi:l/ /ˈpɑ:pjələ/ 어**필**, **파**펄러[r]
Obesity	비만	/oʊˈbi:səti/ 오우**비**써티
risk of heart disease		/dɪˈzi:z/ 디**지즈**
leader		/ˈli:dɚ/
league		/ˈli:g/
leave		/ˈli:v/
seasonal		/ˈsi:znəl/ **씨**즈널
sneaker		/ˈsni:kɚ/ **스니**커

연습) ea → /ˈɛ/

TERM	PRONUNCIATION	TRANSLATION
children breast-fed	/ˈbrɛst/	
downy feathers	/ˈdaʊni/ /ˈfɛðɚ/	솜털 깃털
a black leather jacket	/ˈlɛðɚ/ /ˈdʒækət/	
meant for each other	/ˈmɛnt/	서로에게 맞는
heaven	/ˈhɛvən/	
jealous	/ˈjɛləs/	
threaten	/ˈθrɛtn/	
weapon	/ˈwɛpən/	
weather	/ˈwɛðɚ/	

연습) ear → /ˈɚ/

PHRASE	PRONUNCIATION
wore a pearl necklace	/ˈpɚl/ /ˈnɛkləs/ 펄[r]
search for inner self	/ˈsɚtʃ/

WORD/PHRASE	PRONUNCIATION
wore a pearl necklace	/ˈpɚl/ /ˈnɛkləs/
search for inner self	/ˈsɚtʃ/

PHRASE	TRANSLATION	PRONUNCIATION
a bear's den	'곰의 우리'	/ˈbeɚ/
bear false witness	'증언'	/ˈbeɚ/
bear a heavy load	'견디다'	/ˈbeɚ/
bear a child	'출산하다'	/ˈbeɚ/

연습) ear → /ˈɛɚ/

PHRASE	KOREAN TRANSLATION	PHONETIC PRONUNCIATION
swear allegiance to the flag	충성	/ˈswɛɚ/
tear an envelope open	찢다	/ˈtɛɚ/, /ˈɛnvəˌloʊp/
starting to wear	낡다	/ˈwɛɚ/

연습) ear → /ˈɪɚ/

영어	발음	한국어
The issue won't just disappear.	/ˌdɪsəˈpɪɚ/	
seared by lightning	/ˈsɪɚ/ 씨어[r]	그을렸다
false tears	/ˈtɪɚ/ 티어[r]	거짓 눈물

연습) ear → /ˈɑːr/

PHRASE	PRONUNCIATION
had a heart-to-heart talk	/ˈhɑɚt/
gathered around the hearth	/ˈhɑɚθ/

연습) ee 음절 → /ˈiː/

PHRASE	PRONUNCIATION	TRANSLATION
secure an assignee	/ˌæsəˈniː/ 애써니	'담당자 확보'
assign	/əˈsaɪn/ 어싸인	
an incentive system to employees	/ɪmˌplɔɪˈiː, ɪmˈplɔɪˌiː/ 임플로이	
employ	/ɪmˈplɔɪ/ 임플로이	
a refugee camp	/ˌrɛfjʊˈdʒiː, ˈrɛfjʊ–ˌ/ 레퓨지	
refuge	/ˈrɛˌfjuːdʒ/ 레퓨ㅈ	
trained the trainees	/treɪˈniː/ 트레이니	
train	/ˈtreɪn/ 트레인	

PHRASE	PRONUNCIATION	TRANSLATION
agreed to have a vacation finally	/əˈgriː/ /veɪˈkeɪʃən/ 어그리	
between -20 to 40 degrees Celsius	/dɪˈgriː/ /ˈsɛlsijəs/ 디그리, 쎌시여스	
extremely discreet	/dɪˈskriːt/	'매우 신중한'
self esteem	/ɪˈstiːm/	'자긍심'
lack of ability to succeed my father	/səkˈsiːd/	
Tennessee State University	/ˌtɛnəˈsiː/	

연습) ei → /ˈeɪ/

PHRASE	TRANSLATION	PRONUNCIATION
The freight arrived at the airport	화물	/ˈfreɪt/ 프레잍
a horse pulling sleigh	썰매	/ˈsleɪ/ 슬레이
I'm trying to lose some weight.	살 빼기	/ˈweɪt/ 웨잍
She leads a life of leisure.		/ˈliːʒɚ, ˈlɛ-, ˈleɪ-/ 리져

연습) ei → /ˈiː/

PHRASE	PRONUNCIATION	TRANSLATION
His conceit has earned him many enemies.	/kənˈsiːt/, /ˈɛnəmi/ 컨씨트, 에너미	'자만'
conceive a child	/kənˈsiːv/ 컨씨:브	'임신'
look over the booklet at leisure	/ˈliːʒɚ, Brit ˈlɛʒə/, /ˈbʊklət/ 리져[r], 레져[r], 북러트	'짬 날 때'
perceived the facing reality	/pɚˈsiːv/, /riˈæləti/ 퍼[r]씨브, 리앨러티	'인식'
received payment envelope	/rɪˈsiːv/, /ˈɛnvəˌloʊp/, /ˈɑːnvəˌloʊp/ 리씨브, 엔벌로우프, 안벌로우프	

연습) ei → /ˈaɪ/

영어 표현	한국어 번역	발음
the height of vulgarity	천박함의 극치	/ˈhaɪt/ /ˌvʌlˈgerəti/ **하이**트, 벌**저**러티

연습) eri → /iri/

영어 문구	한국어 번역	발음 기호
Reported to his superior officer	상관	/sʊˈpirijɚ/ /rɪˈpoɚt/ 수**피**리여, 리**포**[r]트
has an ulterior motive	비밀스런 동기	/ˌʌlˈtirijɚ/ /ˈmoʊtɪv/ 얼**티**리여, **모**우티브

WORD	PRONUNCIATION
bacteria	/bæktirijə/ 백**티**리여
experience	/ɪkˈspirijəns//ɪkˈspɪərəns , ɛk-/oxf 익**스피**리연스
exterior	/ɛkˈstirijɚ/ /ɪkˈstɪərə, ɛk-/oxf 엑스**티**리여
interior	/ɪnˈtirijɚ/ 인**티**리여
material	/məˈtirijəl/ 머**티**리열
serial	/ˈsirijəl/ **씨**리열
series	/ˈsiriz/ **씨**리즈

연습) eu/ew

영어 표현	한국어 번역	발음
maneuver for position	자리를 위해 책략을 쓰다	/məˈnu:vɚ/ 머**뉴**버[r]
my nephew a little demon	작은 악마	/ˈnɛfju/
introduced a new propagation plan		/ˈnu:, Brit ˈnju:/

3. i/y의 부수발음

3-1) 첫 음절의 약음 i

3-2) ir/yr 음절

3-3) 한 음절 단어의 i/y

3-4) 'i/y+자음+e' 형태의 음절

3-5) 'i+모음' 음절

3-6) 어미 i/y

3-7) i/y를 포함하는 접미사/어미 → 4장

    -cide -cient/-tient -fy -ian -ic -ion -ique -ism -ity -ize/-ise/-yze -ium
    -mit -ply -ship -sis -wise

3-1) 첫 음절의 약음 i/y

- 첫 음절 약음 i/y는 /ɪ/와 /aɪ/로 발음됩니다. 강음일 때의 발음과 같습니다.

- Iraq/ɪˈrɑːk, ɪˈræk/
- identity/aɪˈdɛntəti/

- 음운에 따라 /ə/로도 발음됩니다.

- mistake/məˈsteɪk/

- 자음 y는 성질이 다릅니다. → 5장

 i는 단모음 [이] 와 장모음 [아이] 두가지로 약음일때도 발음되는 경우가 있습니다. 하지만 역시 약음일 때 [어]로 뭉개는 경우도 있구요.

연습) i/y → /ɪ/

영어 표현	한국어 의미	발음
Imagine, What it is?	알아 맞혀 봐!	/ɪˈmædʒən/ 이**매**전
ignited a bonfire	모닥불을 피웠다	/ɪɡˈnaɪt/ /ˈbɑːnˌfaɪɚ/ 이그**나**이트, **반**파여[r]

영어 표현	한국어 의미	발음
a synthetic detergent	합성 세제	/sɪnˈθetɪk/ /dɪˈtɚdʒənt/ 씬[th]쎄틱, 디터[r]전트

연습) i/y → /aɪ/

PHRASE	PRONUNCIATION
an idea kicking around for a while	/aɪˈdɪjə/
the minister of finance	/ˈfaɪˌnæns, fəˈnæns/
Psychiatry deals with mental or emotional disorders.	/saɪˈkaɪətri/ /səˈkaɪətri, saɪ–/

3-2) ir/yr 음절

- ir/yr 음절은 강세면 /ˈɚ/, 약세면 /ɚ/로 발음됩니다.

  • birth /ˈbɚθ/

  • martyr /ˈmɑɚtɚ/

- 단어에 따라 /ɪjɚ/(←/ɪɚ/)로도 발음됩니다.

  • nirvana /nɪjɚˈvɑːnə/

연습)

표현	발음	의미
The princess gave birth to a boy	/ˈbɚθ/, /ˈprɪnsəs/ Brit /ˌprɪnˈsɛs/ 프린쎄스	
circumstances in highly compromising	/ˈsɚkəmˌstæns/, /ˈkɑːmprəˌmaɪzɪŋ/ 써[r]컴스탠스 캄프러마이징	매우 의심스러운 환경
the skeleton of girders	/ˈgɚdɚ/, /ˈskɛlətən/ 거[r]더[r], 스켈러턴	대들보 뼈대
die a martyr	/ˈmɑɚtɚ/ 마[r]터[r]	순교자
titters of mirth	/ˈmɚθ/, /ˈtɪtɚ/ 마[r][th]쓰, 티터[r]	환희의 킥킥거림

표현	발음	의미
virtual reality video games	/ˈvɚtʃəwəl, -tʃəl/, /ˈvɪdijoʊ/ **버**처월, **비**디요우	
an aspirant to the nirvana	/nɪjɚˈvɑːnə/, /ˈæspərənt/ 니여[r]**바**너, **애**스퍼런트	무아경을 열망하는

3-3) 'i/y+자음+e' 형태의 음절

- 'i/y+자음+e' 형태의 한 음절 단어는 /ˈ자음+aɪ/로 발음됩니다.

  • byte \ˈbaɪt\   • cite\ˈsaɪt\   • ice\ˈaɪs\

- 두 음절 이상의 단어 안의 'i/y+자음+e' 음절은

  1) 접미사 -ize/-ise/-yze, -cide, -wise는 /ˈ자음+aɪ/로 발음됩니다. (→ 4장)

  2) 위 접미사 이외의 음절은 원칙적으로 동사면 강세가 붙는 /ˈ자음+aɪ/로, 형용사/명사면 /자음+ə/로 발음됩니다.

WORD	PRONUNCIATION	PART OF SPEECH
admire	əd'maɪɚ	v
invite	ɪnˈvaɪt	v
unite	juˈnaɪt	v
granite	ˈgrænət	n

앞서 언급했던 silent e 를 생각하시면 쉽습니다.
i는 자신의 이름인 [아이]로 발음되죠. 제일 뒤에 e로 끝나는 경우예요.

- 언어이기에 많은 예외가 있습니다.

WORD	PRONUNCIATION	PART OF SPEECH
practice	/ˈpræktəs/	
imagine	/ɪˈmædʒən/	v
combine	/kəmˈbaɪn/	v

WORD	PRONUNCIATION	PART OF SPEECH
combine	/ˈkɑːmˌbaɪn/	n

연습) 동사 'i/y+자음+e' 음절

PHRASE	TRANSLATION	PRONUNCIATION
compiled from statistics	통계로부터 추출	/kəmˈpajəl/ /stəˈtɪstɪk/ 컴파열, 스터티스티ㅋ
decided not to allow compromise	절충	/ˈkɑːmprəˌmaɪz/ 캄프러마이ㅈ
confided that he's done that	고백	/kənˈfaɪd/ /ˈdʌn/ 컨[f]파이ㄷ, 던
Honestly, it's enticing me greatly.	유혹	/ɪnˈtaɪs/ 인타이ㅅ
attempted to exile to a 3rd nation	망명	/ˈɛɡˌzajəl, ˈɛkˌsajəl/ 에그자열, 엑써열
inclined to make an easy promise	경향	/ɪnˈklaɪn/ 인클라인
It's time to reconcile.	화해	/ˈrɛkənˌsajəl/ 레컨싸열

연습) 명사 'i/y+자음+e' 음절

영어	한국어	발음
the armistice agreement	휴전협정	/ˈɑɚməstəs/ 아[r]머터스
Drought and famine crises	가뭄과 기근 위기	/ˈdraʊt/, /ˈfæmən/ 드라우ㅌ, 패먼
You're such a hypocrite.	위선자	/ˈhɪpəˌkrɪt/ 히퍼크리ㅌ

WORD	PRONUNCIATION
medicine	/ˈmɛdəsən, Brit ˈmɛdsən/ 메더썬
missile	/ˈmɪsəl, Brit ˈmɪˌsaɪl/ 미썰
premise	/ˈprɛməs/ 프레머스
dynamite	/ˈdaɪnəˌmaɪt/ 다이너마이ㅌ
meteorite	/ˈmiːtijəˌraɪt/ 미티여라이ㅌ
cuisine	/kwɪˈziːn/ 크위진

예외	발음	품사
dynamite	ˈdaɪnəˌmaɪt	n
meteorite	ˈmiːtijəˌraɪt	n
cuisine	kwɪˈziːn	F

연습) 형용사 'i/y+자음+e' 음절

PHRASE	TRANSLATION	PRONUNCIATION
the fertile land near the river	비옥한	/ˈfɚtl/ **퍼[r]틀**
an infinite number of possibilities	무한한	/ˈɪnfənət/ **인퍼너트**
the flower's fragile petals	부서지기 쉬운	/ˈfrædʒəl, ˈfræˌdʒəjəl/, /ˈpɛtl/ **프레절, 페틀**

예외	PRONUNCIATION	PART OF SPEECH
inside	ɪnˈsaɪd, ˈɪnˌsaɪd	n
entire	ɪnˈtajɚ	a
concise	kənˈsaɪs	a

3-4) 'i+모음' 음절

1) ie 음절

- 자음이 뒤 따르지 않는 한 음절 단어의 ie 는 /ˈaɪ/로 발음됩니다.

WORD	PRONUNCIATION
die	/ˈdaɪ/
lie	/ˈlaɪ/
tie	/ˈtaɪ/

- 자음이 뒤 따르면 대체로 /ˈiː/로 발음되거나, 또는

WORD	PRONUNCIATION
grief	/ˈgriːf/

WORD	PRONUNCIATION
niece	/ˈniːs/
piece	/ˈpiːs/

WORD	PRONUNCIATION
Believe	bəˈliːv
Diesel	ˈdiːzəl
Retrieve	rɪˈtriːv
Siege	ˈsiːdʒ

- 두 음절로 나뉘어 발음되기도 합니다.

WORD	PRONUNCIATION
diet	/ˈdaɪət/

2) ie 이외의 'i+모음' 음절

- 대체로 두 모음이 두 음절로 나뉘어 발음됩니다.

연습) ia →/ˈajə/(←/aiə/) (강세 음절이 확인 안되면 발음을 가늠할 수 없습니다.)

단어	강세 위치
bi-as	첫 음절
di-a-be-tic	접미사 ic는 앞 음절
li-a-ble	접미사 -able은 무강세
via-ble	
di-a-lect	어미 -ect는 자신에게 강세
gi-ant	첫 음절

영어 표현	한국어 번역	발음
ethnic and racial biases	민족과 인종에 대한 편견	/ˈɛθnɪk/ /ˈbajəs/ 에[th]쓰닉, 바여스
new drugs for diabetic patients	당뇨	/ˌdajəˈbɛtɪk/ /ˈpeɪʃənt/ 다여베틱, 페이션트

영어 표현	한국어 번역	발음
liable for any damage	배상책임	/ˈlajəbəl/ /ˈdæmɪʤ/ **라**여벌, **대**미지
suggest a viable alternative	실용적인 대안	/ˈvajəbəl/ /ɑlˈtəˌnətɪv/ **바**여벌, 알**터**너티브
a southern dialect	남부 방언	/ˈdajəˌlɛkt/ /ˈsʌðən/ **다**열렉트, **써**[th]던[r]
a giant wrestler		/ˈʤajənt/ /ˈrɛslə/

연습) ia → /ijə/(←/iə/)

단어	설명
im-me-di-ate	접미사 -ate는 자신에게 부강세 부여
In-dia	접미사 -ia는 앞 음절에 강세 부여
In-di-a-na	막자 a는 대체로 앞 음절에 강세 부여
In-dia-napolis	India의 Naples
me-dia	
Sco-tia	
Va-len-cia	접미사 -ia는 앞 음절에 강세

PHRASE	PRONUNCIATION
need an immediate action	/ɪˈmiːdijət/ 이**미**디어트
an Asian country India	/ˈɪndijə/ **인**디여
Indianapolis, Indiana	/ˌɪndiːˈænə/, /ˌɪndiːəˈnæpəlɪs/ 인디**애**너, 인디어**내**펄리스
attracted big attention from the media	/ˈmiːdijə/ **미**디여
variant points of view	/ˈverijənt/ **배**리연트
Nova Scotia, province of Canada	/ˈskoʊʃə/, /ˌnoʊvə/ **스코**우셔, 노우버
Valencia, region of Spain	/vəˈlɛnʃə/, /ˈriːʤən/ 벌**렌**셔, 리전

▶ cia, tia → /ʃə/

연습) io 음절

단어	강세 위치
bi-ol-o-gy	접미사 -logy는 앞 음절에 강세
bio-tech	합성어
pi-o-neer	ee 음절은 자신에게 강세
vi-o-lin	마지막 음절에 주강세
i-diot	명전동후
pre-vi-ous	접미사 -ous는 앞의 앞 음절에 강세

TERM	MEANING	PRONUNCIATION
a professor of biology	'생물학'	/baɪˈɑːlədʒi/ 바이**알**러지
biotech biotechnology	'생물공학'	/ˈbajoʊˌtɛk/, /ˌbajoʊtɛkˈnɑːlədʒi/ **바**요우텍, 바요우테크**날**러지
a pioneer of digital technology		/ˌpajəˈnijɚ/, /ˈdɪdʒətl̩/ 파여**니**여, **디**저틀
riot gear of police	'폭동 진압 장비'	/ˈrajət/, /pəˈliːs/ **라**엿, 펄**리**스
Mendelssohn's violin concerto		/ˌvajəˈlɪn/ 바여**린**
Don't be such an idiot!		/ˈɪdɪjət/ **이**디여트
No previous experience is necessary.		/ˈpriːvijəs/, /ˈnɛsəˌseri/, Brit /ˈnɛsəsri/ **프리**비여스, **네**써쎄리

연습) iu 음절→/jə/, /ijə/ (←/ˈɪə/) (명사; 동전명후')

TERM	PRONUNCIATION	TRANSLATION
great scientific geniuses	/ˈdʒiːnjəs/ **지**녀스	
medium	/ˈmiːdijəm/ **미**디염	singular expression of media
monthly premium for insurance	/ˈpriːmijəm/ **프리**미염	'월 보험료'
stadium packed with spectators	/ˈsteɪdijəm/ **스테**이디염	'관중'

3-5) 막 자 i/y

1) 한 음절인 '자음+i/y' 형태의 단어는 \ˈaɪ \로 발음됩니다.

WORD	PRONUNCIATION
fly	/ˈflaɪ/
sigh	/ˈsaɪ/
shy	/ˈʃaɪ/

i가 [아이]로 발음되는 경우는 위에서 설명하는 경우 외에도 igh(또는 eigh)가 gh 발음은 묵음이 되고 [아이]로 발음되는 경우를 꼭 알아두셔야 합니다. High, sigh, might, height, right, night 등 예도 많습니다.

2) 두 음절 이상의 막자 i/y는 대체로 /i/로 발음됩니다. 희소하게 \ˈaɪ \로도 발음됩니다.

WORD	PRONUNCIATION
spaghetti	/spəˈgɛti/
pony	/ˈpoʊni/
beauty	/ˈbjuːti/
envy	/ˈɛnvi/
rely	/ˈrɪlaɪ/

3) 접미사 -fy/ˈfaɪ/ (→4장)

4. o의 부수발음

4-1) 약음 o

4-2) 'o+자음+e' 음절

4-3) oo 음절

4-4) or 음절

4-5) ou/ow 음절

4-6) 어미 o

4-7) o를 포함하는 접미사/어미 (→ 4장)

-hood -log -nomy -nounce -oo -oon(F) -ology -ometer -on -or -ous -pose -son/-zon

4-1) 첫 음절의 약음 o

- 첫 음절의 약음 o는 /ə/나 /oʊ/, 그리고 /ɑː/로 발음됩니다. /oʊ/를 빨리 발음하면 /ə/가 됩니다.

MONTH	PRONUNCIATION
November	noʊˈvɛmbɚ, nə- 노우**벰**버[r], 너**벰**버[r]
October	ɑːkˈtoʊbɚ 악**토우**버[r]

4-2) 'o+자음+e' 음절

- 'o+자음+e' 음절은 흔히 강세의 /ˈ자음+oʊ/로 발음되지만, 단어에 따라 /ˈʌ/, /ˈuː/ 등으로 다양하게 발음됩니다.

WORD	PRONUNCIATION
token	/ˈtoʊkən/
above	/əˈbʌv/
move	/ˈmuːv/

- 약음 'o+자음+e' 음절은 /자음+ə/로 발음됩니다.

REGION	PRONUNCIATION
Europe	/ˈjʊrəp/

너무 많은 다른 예가 나와서 당황되시죠.
그렇다면 o는 강세에서 [아]나 [오우] 약세에서 [어]로 기억하셔도 좋습니다.

연습)

PHRASE	MEANING	PRONUNCIATION
I'm flat broke.	완전 빈털터리	/ˈbroʊk/
The scientists proposed a new theory.		/prəˈpoʊz/
I suppose so.		/səˈpoʊz, after "I" ˈspoʊz/ 써**포우**ㅈ, 스**포우**ㅈ
envelope		/ˈɛnvəˌloʊp, ˈɑːnvəˌloʊp/ **엔**벌로우ㅍ, **안**벌로우ㅍ
telephone		/ˈtɛləˌfoʊn/ **텔**러[f]포운

4-3) oo 음절

- oo 음절은 대체로 강세가 붙는 /ˈuː/로 발음됩니다. 장음입니다.

WORD	PRONUNCIATION
balloon	bəˈluːn
cartoon	kɑɚˈtuːn

- book/ˈbʊk/, food/ˈfʊd/ 등의 일부 단어만 짧게 발음됩니다.

oo는 긴 [우] 와 짧은 [우]가 있습니다.
Book, cook, food 정도만 짧게 발음된다고 생각하시면 됩니다.
[어]로 발음되는 경우는 해당 단어만 기억하시는 것이 좋구요.

- 일부 단어는 /ˈʌ/로 발음됩니다.

WORD	PRONUNCIATION
blood	/ˈblʌd/
flood	/ˈflʌd/

연습)

단어	한국어 번역	발음
a booklet to help tourists	소책자	/ˈbʊklət/ /ˈtʊrɪst/ **북**러ㅌ, **투**리스ㅌ
commanded a platoon	소대를 지휘했다	/pləˈtuːn/ /kəˈmænd/ 플러**툰**, 커**맨**ㄷ
bamboo		/bæmˈbuː/
bazooka		/bəˈzuːkə/
shampoo		/ʃæmˈpuː/
shoot		/ˈʃuːt/

4-4) or 음절과 oi/oy음절

1) r이 종성인 강세의 or음절은 /ˈoɚ/로 발음됩니다.

WORD	PRONUNCIATION
ordinary	/ˈoɚdəˌneri, Brit ˈɔːdənri/ **오[r]**더네리
shortage	/ˈʃortɪʤ/ **쇼[r]**티지
Orient	/ˈoriˌɛnt/ **오**리엔ㅌ

▶ 강세 o의 미국 주발음은 /ˈɑː/나 /ˈoʊ/이지만 종성 r이 뒤따르는 강세의 or 음절은 이와 같이 달리 발음됩니다.

▶ r이나 l이 뒤따르는 모음은 발음이 길어지는 특성 때문에 /ə/가 살짝 덧붙여져 발음됩니다.

▶ victorious/vɪkˈtoʊriːəs/의 r은 종성이 아닙니다.

- r이 종성인 약세의 or음절은 /ɚ/로 발음됩니다.

WORD	PRONUNCIATION
bachelor	/ˈbæʧələɚ/ **배**철러[r]
predator	/ˈprɛdəˌtor/ **프레**더터[r]
uniform	/ˈjuːnəˌform/ **유**너폼[r]

▶ '행하는 사람, 것'이란 뜻을 강조할 때에는 \ˌor\로 강세를 붙입니다.

- 첫 음절의 약음 or 음절도 흔히 /ɚ/가 아닌 /oɚ/로 발음됩니다.

WORD	PRONUNCIATION
tornado	/tɔɚˈneɪdoʊ/ 토[r]네이도우

2) oi/oy 음절은 강세가 붙은 /ˈɔɪ/로 발음됩니다.

WORD	PRONUNCIATION
coin	/ˈkɔɪn/
oyster	/ˈɔɪstɚ/

4-5) ou 음절

ou와 ow 는 둘다 [오우] 또는 [아우]로 발음 되는데, 절대 두개의 음절로 나눠서 발음하시면 안되고, 하나 처럼 발음하셔야 하죠.
이 둘을 구분하는 특별한 방법은 없는 것으로 보입니다.
그리고 ou는 종종 [어]로 발음되기도 합니다.
enough, tough, rough, double 같은 경우죠.

- ou는 아래와 같이 다양하게 발음됩니다. 반면에 ow는 /ˈoʊ/와 /ˈaʊ/ 양쪽으로 발음됩니다.

SOUND	EXAMPLES	PRONUNCIATION
ou → /ˈaʊ/	boundary, blouse, couch	/ˈbaʊnd(ə)ri/, /ˈblaʊz/, /ˈkaʊtʃ/ 바운더리, 블라우즈, 카우치
ou → /ˈʌ/	double, enough, rough, tough	/ˈdʌbəl/, /ɪˈnʌf/, /ˈrʌf/, /ˈtʌf/ 더블, 이너프, 러프, 터프
ou → /ˈuː/	acoustic, coupon	/əˈkuːstɪk/, /ˈkuːˌpɑːn/, ˈkjuːˌpɑːn/ 어쿠스틱, 쿠판, 큐판
ou → /ˈʊ/	boulevard, tour	/ˈbʊləˌvɑɚd/, /ˈtuɚ/ 불러바[r]드, 투어[r]
ou → /ˈɑː/	cough, bought	/ˈkɑːf/, /ˈbɑːt/ 카프, 바트
our → /ˈoɚ/	a court of justice, a basketball court, a splendid court, a courting couple	/koɚt/, 코[r]트, '법원', '농구장', '궁정', '연애 중인'
our → /ˈɚ/	courtesy, courier	/ˈkɚtəsiː, Brit ˈkor-/, /ˈkɚrijɚ/ 커[r]터시, 커리여

4-6) ow 음절

- ow는 /ˈoʊ/와 /ˈaʊ/ 양쪽으로 발음됩니다.

SOUND	EXAMPLES	PRONUNCIATION
oʊ	blow	/ˈbloʊ/
	flow	/ˈfloʊ/
	mellow	/ˈmɛloʊ/
	morrow	/ˈmɑroʊ/
	Mow	/ˈmoʊ/
	though	/ˈðoʊ/
aʊ	allow	/əˈlaʊ/
	brownish	/ˈbraʊnɪʃ/
	browse	/ˈbraʊz/
	crowd	/ˈklaʊd/
	plow	/ˈplaʊ/
	vow	/ˈvaʊ/

4-7) 막 자 o

- 막 자 o는 /oʊ/로 발음됩니다.

WORD	PRONUNCIATION
Chicago	/ʃəˈkɑːˌgoʊ/ 셔**카**고우
Colorado	/ˌkɑːləˈræˌdoʊ/ 칼러**래**도우
echo	/ˈekoʊ/ **에**코우
go	/goʊ/
hero	/ˈhiroʊ/ **히**로우
Michelangelo	/ˌmaɪkəˈlændʒəˌloʊ/ 마이**컬**랜절로우
photo	/ˈfoʊtoʊ/ **포우**토우
San Francisco	/ˌsænfrənˈsɪskoʊ/ 샌프런**시**스코우
tomato	/təˈmeɪ(ˌ)toʊ; chiefly British, eNewEng, neVirginia, and sometimes elsewhere in cultivated speech –ˈmæ– chiefly Northern –ˈmɑː–\ 터메이토우, 터매토우, 터마토우

5. u의 부수발음

5-1) ur 음절

5-2) qua/que/qui/quo 음절

5-3) 기타 u 음절

5-4) 막자 u

5-5) u를 포함하는 접미사/어미 → 4장

    -tribute -tude

5-1) ur 음절

- ur 음절은 강세가 붙은 /ˈɚ/로 발음됩니다.

WORD	PRONUNCIATION
burglar	/ˈbɚglɚ/
disturb	/dɪˈstɚb/

앞서 알려 드렸던, ar, or, ir/er/ur 발음 기억하시나요?
다시 복습해보세요!

연습)

TERM	TRANSLATION	PRONUNCIATION	EXAMPLE
air heating furnace	열 환풍 난로	/ˈfɚnəs/ 퍼[r]너스	
hurdles	장애	/ˈhɚdl/ 허[r]들	He won a medal in the high hurdles.
purchased		/ˈpɚtʃəs/ 퍼[r]처스	Souvenirs can be purchased at the gift shop.
souvenirs		/ˌsuːvəˈnɪɚ/ 수버니어[r]	

TERM	TRANSLATION	PRONUNCIATION	EXAMPLE
purpose	각각의 용도	/ˈpɚ·pəs/ **퍼[r]퍼스**	Everything on the boat serves a purpose.
surface		/ˈsɚ·fəs/ **써[r]퍼스**	Be careful of icy surfaces on the roads.

WORD	PRONUNCIATION
murder	/ˈmɚ·dɚ/ **머[r]더[r]**
surgery	/ˈsɚ·dʒəri/ **써[r]저리**
turbine	/ˈtɚ·bən/ **터[r]번**

7-5) qua/que/qui/quo 음절

- q로 시작되는 음절은 u를 동반하고 /kw/로 발음됩니다.

- w는 'ㅜ'로 발음을 시작하기 때문에 q는 '쿠'가 되고, 뒤따르는 모음 역시 w의 영향으로 'ㅜ(ㅗ)'와 합성되어 발음됩니다.

q는 거의 반드시 뒤에 u를 데리고 다녀서 qu가 한꺼번에 [쿠]라고 알아두셔야 합니다. Quiet, quite, quiz, quit, queen 는 각각 [쿠아이엍], [쿠아잍], [쿠이즈], [쿠읻], [쿠인] 이 됩니다.

연습) qua → /ˈkwɑː/

PHRASE	TRANSLATION	PRONUNCIATION
encountered a quadruple rainbow	네 쌍둥이	/kwɑˈdruːpəl/ /ɪnˈkaʊntɚ/ **쿠와드루펄, 인카운터[r]**
taken their proper quantum	량	/ˈkwɑːntəm/ **크완텀**
Korean football squad	팀(소대)	/ˈskwɑːd/ /kəˈriːən/ **스크아드, 커리언**

연습) qua → /ˈkweɪ/

PHRASE	PRONUNCIATION	TRANSLATION
became acquainted with him	/əˈkweɪnt/ 어크웨인트	
artificial earthquake	/ˈkweɪk/, /ˌɑɚtəˈfɪʃl/ 크웨이크, 아[r]터피슬	'인공 지진'

연습) qua → /ˈkwo/ /ˈkwə/

PHRASE	TRANSLATION	PRONUNCIATION
protons made up of quarks	소립자	/ˈkwoɚk/ /ˈproʊˌtɑːn/ 크오[r]크
placed under quarantine	격리	/ˈkworənˌtiːn/ 크오런틴ː
a member of a jazz quartet		/kwoɚˈtɛt/ 크오[r]테트
equal opportunity		/ˈiːkwəl/ /ˌɑːpɚˈtuːnəti/ Brit /ˌɒpəˈtjuːnəti/ 이쿠얼, 아퍼튜너티
held a banquet in his honor	formal dinner	/ˈbæŋkwət/ 뱅크어트

연습) quar → /ˈkweɚ/

WORD	PRONUNCIATION
square	/ˈskweɚ/ 스크에어[r]
decorate	/ˈdɛkəˌreɪt/ 데커레이트

연습) que → /ˈkwe/ /ˈkjuː/

PHRASE	TRANSLATION/PRONUNCIATION
He granted her request.	'채워주다' /rɪˈkwɛst/ 리크에스트
formed a queue at the ticket window	/ˈkjuː/ /ˈtɪkət/ 큐, 티컷

연습) /ˈkwɪ/

PHRASE	PRONUNCIATION	TRANSLATION
a winter carnival to be Held in Quebec City	/kwɪˈbɛk/ /ˈkæɚnəvəl/ 크위벡, 카[r]너벌	
The librarian responded to my query	/ˈkwɪjəri/ /laɪˈbrerijən/ 크위어리	'질문'
quivering with rage	/ˈkwɪvɚ/ 크위버[r]	'떨다'
the tranquility of the countryside	/trænˈkwɪləti/ 트랜크윌러티	

연습) qui → /ˈkwaɪ/

단어	발음	의미
scientific inquiry	/ɪnˈkwaɪri, ˈɪnkwəri/ 인크워리	과학적 탐구
Be quiet!	/ˈkwajət/ 크워엿	조용히 해!

연습) quo → /ˈkwoʊ/ /ˈkoɪz/

영어 표현	한국어 번역	발음 기호
a speech by quoting Shakespeare	인용	/ˈkwoʊt/ 크오우ㅌ
high likability quotient	높은 호감도	/ˈkwoʊʃənt/ 크오우션ㅌ
a turquoise bracelet	청록색	/ˈtɚˌkoɪz, ˈtɚˌkwoɪz/ 터[r]코이ㅈ

7-6) 기타 u 음절

SPELLING	PRONUNCIATION	EXAMPLES
u, ua	/ˈɛ/	bury/ˈbɛri/, guarantee/ˌgɛrənˈti/ 베리, 게런티
u	/ɪ/	business/ˈbɪznəs/, busy/ˈbɪzi/ 비즈너스, 비지

SPELLING	PRONUNCIATION	EXAMPLES
ui	/ə/, /i/	Biscuit/ˈbɪskət/ 비스컷, circuit/ˈsɚkət/ 써[r]컷, guilty/ˈgɪlti/ 길티, guitar/gəˈtɑɚ, gɪˌˈgɪˌtɑɚ/ 기타[r]
ue	/ə/, /ɛ/, /ˈweɪ/	Guerrilla/gəˈrɪlə/ 거릴러, Venezuela/ˌvɛnəˈzweɪlə/ 베너즈웨일러, Venezuelan/ˌvɛnəˈzweɪlən/ 베너즈웨이런

다른 예가 너무 많아서 죄송스럽네요. 뛰어 넘으셨다가 나중에 의문점 생길때 다시 보시는게 좋을 수도 있습니다.

7-7) 막 자 u

- 막 자 u는 약세의 /u/로 발음됩니다.

WORD	PRONUNCIATION
impromptu	/ɪmˈprɑːmptu, Brit ɪmˈprɒmptju/ 임프람프투

4장

접미사/접두사의 강세

접미사/접두사의 강세

우리는 단어를 외울 때 철자와 뜻에 집중하는 경우가 많습니다. 하지만 영어에서는 강세의 위치가 단어의 리듬과 발음을 결정짓는 중요한 요소입니다.

특히 접두사나 접미사가 붙으면서 원래 단어의 강세가 이동하는 경우, 발음이 완전히 달라지기도 하고, 심지어는 낯선 단어처럼 들리기도 합니다.

예를 들어,

- photograph에서는 강세가 앞에 오지만,

- photography에서는 가운데로,

- photographic에서는 뒤로 이동합니다.

이 장에서는 접두사와 접미사가 붙을 때 왜 강세가 바뀌는지, 그리고 이런 변화가 실제 듣기와 말하기에서 어떤 차이를 만들어내는지 살펴보겠습니다. 단어의 구조와 리듬을 이해하면, 우리가 어렵게 느꼈던 단어들이 훨씬 자연스럽게 들리고, 정확한 발음으로 따라할 수 있게 됩니다.

1. 개요

대다수의 접미사는 강세체계를 구축하는 기준 음절을 정해주는 특성이 있습니다. 기준 음절을 기준으로 각 음절의 강약을 교차시키고 강약에 따른 주발음을 대입시켜 발음을 추출할 수 있습니다. 네 가지 기준이 있습니다:

접미사 유형	강세 위치	강세체계 구축 방식
자신의 앞 음절에 주강세를 붙이는 접미사	앞 음절	강약을 교차시켜 강세체계를 구축
자신의 앞의 앞 음절에 주강세를 붙이는 접미사	앞의 앞 음절	
자신에게 주강세 또는 부강세를 붙이는 접미사	자신	
자신에게 부강세를 붙이는 접미사	앞의 앞 음절에 주강세	

한 주강세 음절에 두 개 이상의 부강세 음절이 있을 수 있습니다. 이외에 무강세 접미사와 어미들이 있어 자신을 약음으로 발음하게 하고 강세음절 찾기의 범위를 줄여주는 도움을 줍니다. 예를 들어:

단어	발음	강세체계	예
real	/ˈriːjəl/	앞 음절에 강세 reality/riˈæləti/	
접미사 -ity	-		
첫 음절의 약음 e	/i/	약음	-
강세의 a	/ˈæ/	주강세	-
모든 약모음	/ə/	약음	-
막자 i/y	/i/	보통 발음	-

다음은 이러한 강세체계 구축을 위한 기준 음절을 정해주는 접미사들입니다.

부강세 접미사	앞 음절 강세 접미사	앞의 앞 음절 강세 접미사	주강세 접미사	무강세 접미사/어미
-ary			-ade	
-ate			-air	
-cide			-aire(F)	-able
-fy			-ale	-ad
-gram			-are	-ain
-gress	-graphy		-ect	-ance
-hood	-ian		-ee/-eer	-ant
-ism	-ic		-ese	-ar
-ize/-ise/-yze	-ion	-age	-esqu	-en
-log	-ity	-al	/-ique(F)	-ence
-nomy	-ium	-sis	-et/ette(F)	-ent
-ology	-meter	-ous	-eur/-euse(F)	-er
-ometer	-metry		-mit	-ere
-on	-scent		-nounce	-ern
-ship	-tal		-oo/-oon(F)	-ess
-tude			-ply	-cient/-tient
-wise			-pose	-ible
			-press	-or
			-self	-son/-zon
			-tain(동사)	
			-tribute	

접미사에 따른 강세 규칙

1. 강세가 없는 접미사 목록

 강세가 없는 경우는 [어]로 발음 되서 -ence 의 경우는 [언스], -son 는 [슨] 과 같이 발음 됩니다. 직접 해보시면 별로 어렵지 않습니다.

-press	-ence
-self	-ent
-tain (동사)	-er
-tribute	-ere
-able	-ern
-ad	-ess
-ain	-cient/-tient
-ance	-ible
-ant	-or
-ar	-son/-zon
-en	

2. 자신에게 부강세 부여 접미사

다음의 접미사들은 자신에게 부강세를 붙인 후, 강약을 교차시켜 강세체계를 구축하고 주발음을 대입하여 발음을 추출합니다.

-ate	-log
-ary	-mat
-cide	-nomy
-fy	-ology
-gram	-ometer
-gress	-on
-hood	-ship
-ism	-tude
-ize/-ise/-yze	-wise

2-1) 접미사 -ate

접미사 -ate는 '되다', '갖다' 등의 의미를 부여합니다. 자신에게 부강세를 붙여 강세체계를 구축합니다.

1) 동사일 때

부강세를 붙인 /ˌeɪt/로 발음합니다. 예시:

graduate (동사): gra-du-ate [ˈɡrædʒəˌweɪt]

2) 명사/형용사일 때

동사와 같은 강세체계가 그대로 유지되면서 자신은 약음으로 바뀌어 /ət/로 발음됩니다. 예시:

graduate (명사/형용사): gra-du-ate [ˈɡrædʒəwət]

Graduate 같은 경우 동사이면 [그래쥬에잇], 명사나 형용사면 [그래쥬엇]로 발음 됩니다.
Alternate 도 동사면 [알터네잇] 형용사나 명사면 [알터넛]
Certificate 도 동사면 [서r티피케잇], 형용사나 명사면 [서r티피컷] 으로 발음 됩니다.
아래 예를 하나씩 살펴보세요.

3) 한 음절 단어

한 음절 단어의 -ate에는 이러한 뜻이 없습니다. (→3장) 예시:

date: [ˈdeɪt]

연습 예시

표현	의미	발음	품사
Rainy days alternated with dry ones.	엇갈리다.	/ˈɑːltɚˌneɪt/	동사
visit her on alternate Sundays	격주마다	/ˈɑːltɚnət/	형용사
Your alternate will have to go.	대리인.	/ˈɑːltɚnət/	명사

위의 예시와 같은 규칙을 적용하여 다양한 다른 단어에도 강세를 올바르게 부여할 수 있습니다.

표현	의미	발음	한글표기
a certificated teacher	유자격 교사	/sɚˈtɪfɪˌkeɪtəd/v	**서**터피케이티드 **티**처
a birth certificate	출생 증명서	/sɚˈtɪfɪkət/a n	**버**[θ]쓰 서**티**피컷[f]
duplicated the same mistake	반복	/ˈduːplɪˌkeɪt, Brit ˈdjuːplɪˌkeɪt/v	듀플리케이티드

표현	의미	발음	한글표기
a duplicate set of keys	여벌	/ˈduːplɪkət, Brit ˈdjuːplɪkət/a n	듀플리컷
a graduate school of business	경영 대학원	/ˈgrædʒəwət/a	그래쥬엇 스쿨 어브 비즈니스
a graduate in physics	졸업생	/ˈgrædʒəwət/n	그래쥬엇 인 피직스
graduated from Harvard	졸업하다	/ˈgrædʒəˌweɪtəd/	그래쥬에이티드 프럼 하[r]버드
elaborated the idea	다듬다	/ɪˈlæb(ə)ˌreɪt/v	일라버레이티드
elaborate explanation	정성들인 해명	/ɪˈlæb(ə)rət/a	일라**버**럿 엑스플러**네**이션스
The sun moderated the chill.	녹이다	/ˈmɑːdəˌreɪt/v	더 썬 **마**더레이티드 더 칠
moderate compliment	적당한 칭찬	/ˈmɑːd(ə)rət/a n	**마**더럿 컴플리먼트
separate cream from milk	탈지	/ˈsɛp(ə-)ˌreɪt/v	**쎄**퍼레잇 크림 프[r]럼 밀크
separate house	독립 가옥	/ˈsɛp(ə-)rət/a n	**쎄**퍼럿 하[r]우스
I anticipated as much.	그럴 줄 알았어.	/ænˈtɪsəˌpeɪt/v	앤**티**시페이티드
celebrate their anniversary	축하하다	/ˈsɛləˌbreɪt/v /ˌænəˈvɚsəri/	**셀**러브레잇 데[ð]어 **애**너버[r]서리
a celebrated pianist	유명한		**셀**러브레이티드 피어니스트
speculate in stocks	증권에 손을 대다	/ˈspɛkjəˌleɪt/v	스**페**큘레잇 인 스톡스
speculate on the other galaxies	탐구하다	/ˈgæləksi/	스**페**큘레잇 언 더 어[ð]더 **갤**럭시스
activate		/ˈæktəˌveɪt/	**액**티베잇
hesitate		/ˈhɛzəˌteɪt/	**헤**지테잇
illuminate		/ɪˈluːməˌneɪt/	이**루**미네잇
imitate		/ˈɪməˌteɪt/	**이**미테잇
innovate		/ˈɪnəˌveɪt/	**이**너베잇
integrate		/ˈɪntəˌgreɪt/	**인**터그레잇
isolate		/ˈaɪsəˌleɪt/	**아**이서레잇

표현	의미	발음	한글표기
manipulate		/məˈnɪpjəˌleɪt/	머니퓔레잇
negotiate		/nɪˈgoʊʃiˌeɪt/	너고우시에잇
operate		/ˈɑːpəˌreɪt/	아퍼레잇
originate		/əˈrɪdʒəˌneɪt/	어리지네잇
simulate		/ˈsɪmjəˌleɪt/	심율레잇

연습 (*동사가 아닌(없는) 단어들 → /ət/나 /ˌeɪt/로 발음)

Word	Phonetic Transcription	한글표기
fortunate	/ˈfɔɚtʃənət/	포[r]춰넛
keyboard template	/ˈtɛmplət/	키보드 템플릿
accurate	/ˈækjərət/	애큐럿
chocolate	/ˈtʃɑːk(ə)lət/	초클릿
climate	/ˈklaɪmət/	클라이멧
estate	/ɪˈsteɪt/	에스테잇
private	/ˈpraɪvət/	프라이벳
ultimate	/ˈʌltəmət/	얼터멧

2-2) 접미사 -ary

- 접미사 -ary는 '…에 관한' 등의 의미를 부여합니다. - 자신에게 부강세를 붙여 강세체계를 구축하여 /ˌeri/로 발음합니다.

예)

접미사	의미	발음	예	영국 발음	기타 발음
-ary	…에 관한	/ˌeri/	Secretary	/ˈsɛkrətri/	/ˈsɛkrəˌteri, ˈsɛkəteri, ˈsɛkteri, ˈsɛk(r)ətri/

-ary 의 경우는 강세가 있는 경우와 없는 경우가 혼재합니다.
이런 경우 대표 발음을 몇개 알아 놓고 넘어가시는 것도 좋은 방법이죠.

Phrase	Pronunciation	한글표기
departed late February	/ˈfɛbjəˌwɛri, ˈfɛbrəˌwɛri/	디파티드 레잇 페브루[r]에리
Look it up in the dictionary	/ˈdɪkʃəˌneri/ Brit /ˈdɪkʃənri/	룩 잇 업 인 더 딕셔너리[r]
an elementary principle	/ˌɛləˈmɛntri/	언 엘러멘터리[r] 프린서플
legendary tales	/ˈlɛʤənˌderi/ Brit /ˈlɛʤəndri/	레전데리[r] 테일즈
put a primary stress on the syllable	/ˈpraɪˌmeri/	풋 어 프라이머리[r] 스트레스 온 더 실러블
voluntary donations	/ˈvɑːlənˌteri/ Brit /ˈvɒləntri/	발런터리[r] 도네이션스

2-3) 접미사 -cide

- 접미사 -cide는 killer, killing의 의미를 부여합니다. - 자신에게 부강세를 붙여 강세체계를 구축하고 /ˌsaɪd/로 발음됩니다.

영어	한국어	발음	한글표기
a policy of genocide the tribe	부족 학살 정책	/ˈʤɛnəˌsaɪd/	제너싸이드
homicide by misadventure	과실치사	/ˈhɑːməˌsaɪd/	하머싸이드
committed matricide	어머니 살해죄를 저지르다	/ˈmætrəˌsaɪd/	매트러싸이드
suicide blast	자살 폭침	/ˈsuːwəˌsaɪd/	수우어싸이드

-cide 와 -fy 모두 강세가 있다고 보시면 되죠. 그래서 [사이드], [파이] 로 발음됩니다.
-gram , -hood, -ism 도 마찬가지로 [그램], [후드], [이즘], 으로 발음되죠.

2-4) 접미사 -fy

- 접미사 -fy는 '…화 되다' 등의 뜻을 부여합니다. - 자신에게 부강세를 붙여 강세체계를 구축하고 /ˌfaɪ/로 발음됩니다.

문장	한글 번역	발음
They clarified my duties.	나의 의무를 명시하였다	/ˈklerəˌfaɪ/

문장	한글 번역	발음
correctly identified the mushroom	식별	/aɪˈdɛntəˌfaɪ, ə–/
magnified the image 100 times	증폭	/ˈmægnəˌfaɪ/
purifying tablet	물 정화제	/ˈpjʊrəˌfaɪ/
Hot wax solidifies as it cools.	응고	/səˈlɪdəˌfaɪ/
Big dogs terrify me.		/ˈtɛrəˌfaɪ/
failed to satisfy audiences	청중 호응에 실패	/ˈsætəsˌfaɪ/
an unspecified amount of money		/ənˈspɛsəˌfaɪd/

2-5) 접미사 -gram

- 접미사 -gram은 'write'등의 의미를 부여합니다. - 자신에게 부강세를 붙여 강세체계를 구축하고 /ˌgræm/으로 발음됩니다.

Word	Pronunciation
program	/ˈproʊˌgræm/ /ˈproʊˌgræm, –rəm/
diagram	/ˈdajəˌgræm/
telegram	/ˈtɛləˌgræm/

2-6) 접미사 -gress

- 접미사 -gress는 'go' 등의 의미를 부여합니다. - 자신에게 부강세를 붙여 강세체계를 구축하고 /ˌgrɛs/로 발음됩니다.

Phrase	Korean Translation	Pronunciation	한글표기
a rapid progress of a ship	쾌속 전진	/ˈprɑːgrəs/ Brit /ˈproʊˌgrɛs/	**프라**그러스 / **프로우**그레스
easy egress in an emergency	탈출	/ˈiːˌgrɛs/	이그레스
He's often digressed from main topic.	이탈	/daɪˈgrɛs/	다이**그레스**
regressed like a child	퇴보	/ˈriːˌgrɛs/	리**그레스**

2-7) 접미사 -hood

- 접미사 -hood는 '성질', '상태' 등의 의미를 부여합니다. - 자신에게 부강세를 붙여 강세체계를 구축하고 /ˌhʊd/로 발음됩니다.

Word	Pronunciation	한글표기
brotherhood	/ˈbrʌðɚˌhʊd/	브러[r]후드
childhood	/ˈtʃajəldˌhʊd/	차일드후드
falsehood	/ˈfɑːlsˌhʊd/	펄스후드
likelihood	/ˈlaɪkliˌhʊd/	라이클리후드
manhood	/ˈmænˌhʊd/	맨후드
priesthood	/ˈpriːstˌhʊd/	프리스트후드

2-8) 접미사 -ism

- 접미사 -ism '행위', '상태', '주의' 등의 의미를 부여합니다. - 자신에게 부강세를 붙여 강세체계를 구축하고 /ˌɪzəm/으로 발음됩니다.

영어	한글	발음
male chauvinism	남성 우월 주의	/ˈʃoʊvəˌnɪzəm/
Eastern mysticism	동양 신비 주의	/ˈmɪstəˌsɪzəm/

Term	Pronunciation
communism	/ˈkɑːmjəˌnɪzəm/
criticism	/ˈkrɪtəˌsɪzəm/
Darwinism	/ˈdɑɚwəˌnɪzəm/
nationalism	/ˈnæʃənəˌlɪzəm/
realism	/ˈriːjəˌlɪzəm/
terrorism	/ˈterɚˌɪzəm/

2-9) 접미사 -ize/ -ise/ -yze

- 접미사 -ize/ -ise/ -yze은 '...으로 만들다' 등의 의미를 부여합니다. - 자신에게 부강세를 붙여 강세체계를 구축하고 /ˌaɪz/로 발음됩니다.

Phrase	Pronunciation	Noun Form	Pronunciation
analyze the composition of the soil	/ˈænəˌlaɪz/	analysis	/əˈnæləsəs/
apologized to her	/əˈpɑːləˌdʒaɪz/	apology	/əˈpɑːlədʒi/
highly centralized	/ˈsɛntrəˌlaɪz/	center	/ˈsɛntɚ/
computerize our billing system	/kəmˈpjuːtəˌraɪz/	computer	/kəmˈpjuːtɚ/
taught to criticize unfairness	/ˈkrɪtəˌsaɪz/	critic	/ˈkrɪtɪk/
demilitarized zone (DMZ)	/dɪˈmɪlətəˌraɪz/	military	/ˈmɪləˌteri/
paralyzed by political rivalries	/ˈpɛrəˌlaɪz/	paralysis	/pəˈræləsəs/
the report summarized very neatly	/ˈsəməˌraɪz/	summary	/ˈsəməri/
facilities utilized by public	/ˈjuːtəˌlaɪz/	utility	/juːˈtɪləti/

analyze → 애널라이즈   analysis → 어낼러시스
apologize → 어팔러자이즈   apology → 어팔러지
centralize → 센트럴라이즈   center → 센터[r]
computerize → 컴퓨터[r]라이즈   computer → 컴퓨터[r]
criticize → 크리터사이즈   critic → 크리틱
demilitarize → 디밀터[r]라이즈   military → 밀러테리[r]
paralyze → 패럴라이즈   paralysis → 퍼랠러시스
summarize → 서머라이즈   summary → 서머리
utilize → 유털라이즈   utility → 유틸러티

2-10) 접미사 -log (-logue)

- 접미사 -log (-logue)는 '모임' 등의 의미를 부여합니다.

- 자신에게 부강세를 붙여 강세체계를 구축하고 /ˌlɑːg/로 발음됩니다.

Word	Pronunciation	한글표기
monologue	/ˈmaːnəˌlaːg/	**마:**널라그
catalog	/ˈkætəˌlaːg/	**캐**털라그
dialog	/ˈdajəˌlaːg/	**다이**얼라그
epilog	/ˈɛpəˌlaːɜ/	**에**펄라그

2-11) 접미사 -nomy

- 접미사 -nomy는 '학' '법' 등의 의미를 부여합니다. - 자신에게 부강세를 붙여 강세체계를 구축하고 /nəmi/로 발음됩니다.

영어 단어	한국어 번역	발음	
inflated economy	과열 경제	/ɪˈkaːnəmi/	이**카**너미
professor anatomy	해부학	/əˈnætəmi/	어**내**터미
belong to astronomy	천문학	/əˈstraːnəmi/	어**스트라**너미

2-12) 접미사 -ology

- 접미사 -ology는 '학' '론' 등의 의미를 부여합니다. - 자신에게 부강세를 붙여 강세체계를 구축하고 /ˈɑːləʤi/로 발음됩니다.

영어	한국어	발음	
a field of biology	생물학 분야	/baɪˈɑːləʤi/	바이**알**러지
the marine ecology	해양 생태학	/ɪˈkɑːləʤi/ /məˈriːn/	이**칼**러지 머린
an expert in etymology	어원학	/ˌɛtəˈmɑːləʤi/	에터**말**러지

Word	Pronunciation	
apology	/əˈpɑːləʤi/	어**팔**러지
geology	/ʤiˈɑːləʤi/	지**알**러지
meteorology	/ˌmiːtiːəˈrɑːləʤi/	미티어**랄**러지
mythology	/mɪˈθɑːləʤi/	미[th]**탈**러지
psychology	/saɪˈkɑːləʤi/	사이**칼**러지

Word	Pronunciation	
technology	/tɛkˈnɑːlədʒi/	텍**날**러지
theology	/θiːˈɑːlədʒi/	[th]씨**알**러지
zoology	/zoʊˈɑːlədʒi/, \zoʊˈɑːlədʒi, zə-ˈwɑː-\	조**알**러지

2-13) 접미사 -ometer

- 접미사 -ometer는 '계측기기' 등의 의미를 부여합니다. - 자신에게 부강세를 붙여 강세체계를 구축하고 /ˈɑːmətɚ/로 발음됩니다.

Meter 의 경우는 거리를 나타내는 경우는 다 첫 음절에 강세가 있고 [미러r] 로 발음됩니다. 거리가 아니고 계측기인 경우는 강세가 두번째 음절이고 발음은 [머러r] 입니다.

단어	발음	의미	
kilometer	/kəˈlɑːmətɚ/ /ˈkɪləˌmiːtɚ/		컬**라**머터[r] **킬**러미터[r]
meter	/ˈmiːtɚ/		**미**터[r]
centimeter	/ˈsɛntəˌmiːtɚ/		**센**터미터[r]
millimeter	/ˈmɪləˌmiːtɚ/		**밀**러미터[r]
barometer	/bəˈrɑːmətɚ/	기압계	버**라**머터[r]
odometer	/oʊˈdɑːmətɚ/		오우**다**머터[r]
perimeter	/pəˈrɪmətɚ/	경계	퍼**리**머터[r]
speedometer	/spɪˈdɑːmətɚ/	속도계	스피**다**머터[r]
tachometer	/tæˈkɑːmətɚ/	회전 속도계	태**카**머터[r]
thermometer	/θɚˈmɑːmətɚ/	온도계	[th]서**마**머터[r]

▶ 파열음과 연음된 /ə/는 흔히 탈락됩니다. kilometer/kəˈlɑːmətɚ/→/kˈlɑːmətɚ/

2-14) 접미사 -on

- 접미사 -on은 양자, 원소를 나타냅니다. - 자신에게 부강세를 붙여 강세체계를 구축하고 /ˌɑːn/으로 발음됩니다.

- crayon   • /ˈkreɪˌɑːn/ \ˈkreɪˌɑːn, -ən also ˈkræn\

Word	Pronunciation	한글표기
electron	/ɪˈlɛkˌtrɑːn/	일**렉**트런
hexagon	/ˈhɛksəˌgɑːn/	**헥**서간
marathon	/ˈmɛrəˌθɑːn/	**메**러[th]싼
Neon	/ˈniːˌɑːn/	**니**언
neutron	/ˈnuːˌtrɑːn, ˈnjuː-/	뉴**트**런
proton	/ˈproʊˌtɑːn/	**프로**우턴
pentagon	/ˈpɛntəˌgɑːn/	**펜**터간
photon	/ˈfoʊˌtɑːn/	**포**타언
polygon	/ˈpɑːliˌgɑːn/	**팔**리간

▶ Oregon/ˈɔrɪgən, ˈɑːr-, chiefly by outsiders -ˌgɑːn/

2-15) 접미사 -ship

- 접미사 -ship은 추상명사화시키는 역할을 합니다. - 자신에게 부강세를 붙여 강세체계를 구축하고 /ˌʃɪp/으로 발음됩니다.

Word	Pronunciation
friendship	ˈfrɛndˌʃɪp
membership	ˈmɛmbɚˌʃɪp

2-16) 접미사 -tude

- 접미사 -tude는 '성질'·'상태' 등의 의미를 부여합니다. - 자신에게 부강세를 붙여 강세체계를 구축하고 /ˌtjuːd/로 발음됩니다.

English Phrase	Korean Translation	Pronunciation	한글표기
an altitude of 10Km	고도	/ˈæltəˌtuːd, Brit ˈæltəˌtjuːd/	**앨**터투드
an aptitude test	적성검사	/ˈæptəˌtuːd, Brit ˈæptəˌtjuːd/	**앱**터투드
a positive/negative attitude	긍정적/부정적 태도	/ˈætəˌtuːd, Brit ˈætəˌtjuːd/	**애**터투드
expressed my sincere gratitude	감사	/ˈgrætəˌtuːd, Brit ˈgrætəˌtjuːd/	**그래**터투드
latitude and longitude	위도와 경도	/ˈlætəˌtuːd Brit ˈlætəˌtjuːd/ /ˈlɑːndʒəˌtuːd, Brit ˈlɒndʒəˌtjuːd/	**래**터투드 **론**저투드
A vast multitude waited to hear the news.	다수	/ˈmʌltəˌtuːd, Brit ˈmʌltəˌtjuːd/	**멀**터투드
enjoyed the peace and solitude of the woods	고독	/ˈsɑːləˌtuːd, Brit ˈsɒləˌtjuːd/	**살**러투드

2-17) 접미사 -wise

- 접미사 -wise는 '방향으로', '모양으로' 등의 의미를 부여합니다. - 자신에게 부강세를 붙여 강세체계를 구축하고 /ˌwaɪz/로 발음됩니다.

영어 표현	한국어 번역	발음	한글표기
the whirlwind turned anti-clockwise	회오리 바람	/ˈklɑːkˌwaɪz/	**클락**와이즈
walked crabwise	게처럼 걸었다	/ˈkræbˌwaɪz/	**크랩**와이즈

3. 앞 음절에 주강세 부여 접미사

- 다음 접미사들은 앞 음절에 주강세를 붙여 강세체계를 구축하는 특성이 있습니다.

-ian -ic -ion -ity -tal -ium/-eum -metry -scence/-scent

3-1) 접미사 -ian, -ia

- 접미사 -ian, -ia은 '언어(의)', '주민(의)' 등의 의미를 부여합니다. - 앞 음절에 주강세

를 붙여 강세체계를 구축하여 발음하고 /jən/, /jə/로 발음됩니다.

예) Canada에 접미사 -ian을 붙여 형용사로 바꾸면 모음 발음이 달라집니다. 자신의 앞 음절에 강세를 붙여 강세체계를 구축하는 접미사 -ian의 특성에 의해 강세체계가 바뀌었기 때문입니다.

▼ -- → ▼-

Ca na da Ca na dian

Term	Phonetic	Country/Context
Australian English	/ɑˈstreɪljən/	Australia/ɑˈstreɪljə/
Canadian passport	/kəˈneɪdiːjən/	Canada/ˈkænədə/
innocent civilians hostage	/səˈvɪljən/	civil/ˈsɪvəl/
humanitarian aid	/hjuˌmænəˈterijən/	human/ˈhjuːmən/
Indian history and culture	/ˈɪndijən/	India/ˈɪndijə/
Italian cuisine	/ɪˈtæljən/	Italy/ˈɪtəli/
bad magician	/məˈʤʃən/	magic/ˈmæʤɪk/
inspired musician	/mjuːˈzɪʃən/	music/ˈmjuːzɪk/
Norwegian citizen	/noɚˈwiːʤən/	Norway/ˈnoɚˌweɪ/
Palestinian refugee camp	/ˌpæləˈstɪnjən/	Palestine/ˈpæləˌstaɪn/
Parisian monument	/pəˈrɪʒən/	Paris/ˈperəs/
ammonia gas	/əˈmoʊnjə/	
barbarian tribes	/bɑɚˈberijən/	
Mediterranean Sea	/ˌmɛdətəˈreɪnijən/	
pedestrian precinct	/pəˈdɛstriːən/	

Australian → 어스트레일년 Australia → 어스트레일려
Canadian → 커네이디언. Canada → 캐너더
civilian → 써빌년 civil → 씨벌
humanitarian → 휴매너테리언. human → 휴먼
Indian → 인디언. India → 인디어
Italian → 이탤년 Italy → 이털리
magician → 머지션 magic → 매직
musician → 뮤지션 music → 뮤직
Norwegian → 노[r]위전 Norway → 노[r]웨이
Palestinian → 팰러스티니언. Palestine → 팰러스타인
Parisian → 퍼리전. Paris → 패러스
ammonia → 어모우냐
barbarian → 바[r]베리언
Mediterranean → 메더터[r]레이니언
pedestrian → 퍼데스트리언

3-2) 접미사 -ic

- 접미사 -ic는 '…적인', '…풍의' 등의 의미를 줍니다. - 앞 음절에 주강세를 붙여 강세 체계를 재구축하여 /ɪk/로 발음됩니다.

Phrase	Pronunciation	Root Word	Root Pronunciation
grant academic degrees	/ˌækəˈdɛmɪk/	academy	/əˈkædəmi/
an apologetic smile	/əˌpɑːləˈdʒɛtɪk/	apology	/əˈpɑːlədʒi/
an atomic bomb	/əˈtɑːmɪk/	atom	/ˈætəm/
comedic scene	/kəˈmiːdɪk/	comedy	/ˈkɑːmədiː/
economical animal	/ˌɛkəˈnɑːmɪkəl/	economy	/ɪˈkɑːnəmi/

▶ economic /ˌɛkəˈnɑːmɪk, ˌiːkə-/

academic → 애커데믹   academy → 어캐더미
apologetic → 어팔러제틱   apology → 어팔러지
atomic → 어타믹   atom → 애텀
comedic → 커미딕   comedy → 카머디
economical → 에커나미컬   economy → 이카너미

Phrase	Pronunciation	Word	Pronunciation
That sentence is not grammatical.	/grəˈmætɪkəl/	grammar	/ˈgræmɚ/
historical fiction	/hɪˈstɒrɪkəl/	history	/ˈhɪst(ə)ri:/
majestic scenery	/məˈdʒɛstɪk/	majesty	/ˈmædʒəsti/
England went metric in 1971.	/ˈmɛtrɪk/	meter	/ˈmi:tɚ/

▶ 영국은 1971년 이전에는 pound↔shilling은 20진법, shilling↔pence는 12진법을 사용했다고 합니다. 영국주부들의 시장보기가 무척 어려웠었을 것입니다.

grammatical → 그래매티컬   grammar → 그래머[r]
historical → 히스토리컬   history → 히스터리
majestic → 머제스틱   majesty → 매저스티
metric → 메트릭   meter → 미터[r]

항목	발음	의미
robotic movement	/rouˈbɑ:tɪk/	
robot	/ˈrouˌbɑ:t/	
Satanic rites	/seɪˈtænɪk/	'악마의 의식'
Satan	/ˈseɪtn/	
strategic nuclear weapons	/strəˈti:dʒɪk/	
strategy	/ˈstrætədʒi/	
Mozart's symphonic works	/sɪmˈfɑ:nɪk/	
Symphony	/ˈsɪmfəni/	

항목	발음	의미
an authentic painting	/ə'θɛntɪk/	'원본 그림'
ceramic tiles	/sə'ræmɪk/	
a cosmetic surgery	/kɑːz'mɛtɪk/	'성형 수술'
pathetic cries for help	/pə'θɛtɪk/	'애련한'
the Olympic squad	/ə'lɪmpɪk/	'선수단'
political issue	/pə'lɪtɪkəl/	'정치 쟁점'
You look terrific!	/tə'rɪfik/	'멋지다!'

▶ 예외가 많은 접미사입니다.

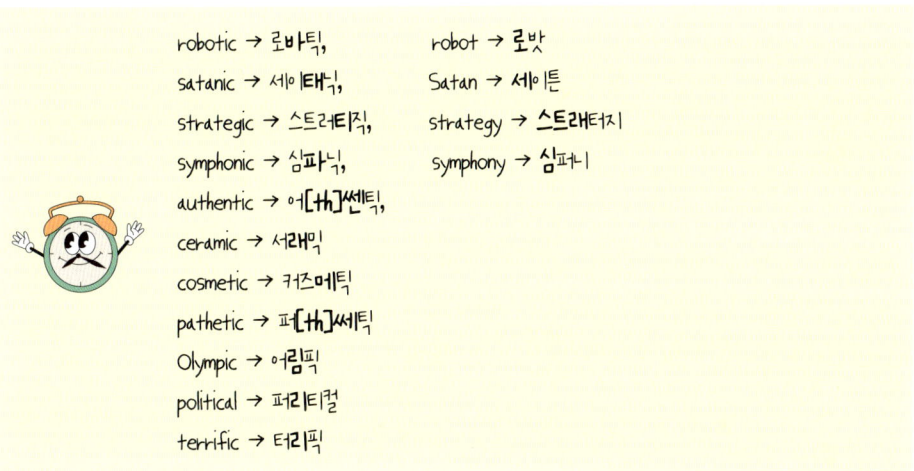

번호	단어	발음	설명
1	Arabic	/'erəbɪk/	모단어 Arab/'erəb/의 강세체계를 따른 예외
2	Catholic	/'kæθlɪk/	
2	lunatic	/'luːnəˌtɪk/	
2	rhetoric	/'rɛtərɪk/	
3	arithmetic	/ə'rɪθməˌtɪk/	
3	politic	/'pɑːləˌtɪk/	
4	politics	/'pɑːləˌtɪks/	정책, 정치학

3-3) 접미사 -ion

- 접미사 -ion은 '과정', '상태', '동작' 등의 의미를 부여합니다. - 앞 음절에 주강세를 붙여 강세체계를 구축하고 /ən/으로 발음됩니다.

Phrase	Meaning	Pronunciation	Related Word	Pronunciation of Related Word
uniform acceleration	등 가속	/ɪkˌsɛləˈreɪʃən/	accelerate	/ɪkˈsɛləˌreɪt/
a stamp collection	우표 수집	/kəˈlɛkʃən/	collect	/kəˈlɛkt/
misled by bad companions		/kəmˈpænjən/	company	/ˈkʌmpəni/
a swarthy complexion	얼굴	/kəmˈplɛkʃən/	complex	/ˈkɑːmˌplɛks/
need correction to your work		/kəˈrɛkʃən/	correct	/kəˈrɛkt/
an abridged edition of 'War and Peace'	축약판	/ɪˈdɪʃ(ə)n/	edit	/ˈɛdət/
The exhibition lasts three days.	3일 남았다	/ˌɛksəˈbɪʃən/	exhibit	/ɪɡˈzɪbət/
escaped observation for months		/ˌɑːbsɚˈveɪʃən, -zɚ-/	observe	/əbˈzɚv/
an orientation for the new employees		/ˌorijənˈteɪʃən/	Orient	/ˈoriˌɛnt/
a most treasured possession	가장 소중한 소장	/pəˈzɛʃən/	possess	/pəˈzɛs/
hectic last minute preparations	마지막 준비로 법석	/ˌprɛpəˈreɪʃən/	prepare	/prɪˈpɛɚ/
an oral presentation	구두 발표	/ˌpriːzɛnˈteɪʃən/	present	/prɪˈzɛnt/
awesome pronunciation	엉망인 발음	/prəˌnʌnsiˈeɪʃən/	pronounce	/prəˈnaʊns/
stamp out a rebellion	반란 진압	/rɪˈbɛljən/	rebel	/rɪˈbɛl/
a restoration work	복원 공사	/ˌrɛstəˈreɪʃən/	restore	/rɪˈstor/
a rookie hitting sensation	새내기	/sɛnˈseɪʃən/	sense	/ˈsɛns/
highly focused ambitions	높은 야망	/æmˈbɪʃən/		
slip into oblivion	잊혀져 가다	/əˈblɪvijən/		
a medical opinion	진단서	/əˈpɪnjən/		

```
acceleration → 액셀러레이션, accelerate → 액셀러레잇
collection → 컬렉션, collect → 컬렉트
companion → 컴패니언, company → 컴퍼니
complexion → 컴플렉션, complex → 컴플렉스
correction → 커렉션, correct → 커렉트
edition → 이디션, edit → 에딧
exhibition → 엑서비션, exhibit → 이그지빗
observation → 압서[r]베이션, observe → 업저[r]브
orientation → 오리언테이션, Orient → 오리언트
possession → 퍼제션, possess → 퍼제스
preparation → 프레퍼[r]레이션, prepare → 프리페어[r]
presentation → 프리젠테이션, present → 프리젠트
pronunciation → 프러넌시에이션, pronounce → 프러나운스
rebellion → 리벨년, rebel → 리벨
restoration → 레스터[r]레이션, restore → 리스토어[r]
sensation → 센세이션, sense → 센스
ambition → 앰비션
oblivion → 어블리비언
opinion → 어피년
```

3-4) 접미사 -ity

- 접미사 -ity는 '상태', '성질' 등의 의미를 부여합니다. - 앞 음절에 주강세를 붙여 강세 체계를 재구축하여 /əti/로 발음합니다.

Phrase	Meaning	Pronunciation	Related Word	Related Word Pronunciation
an innate ability	타고난 능력	/əˈbɪləti/	able	/ˈeɪbəl/
electricity produced by a generator		/ɪˌlɛkˈtrɪsəti/	electric	/ɪˈlɛktrɪk/
equality of opportunity		/ɪˈkwɑːləti/	equal	/ˈiːkwəl/
the fertility of the soil	비옥도	/fɚˈtɪləti/	fertile	/ˈfɚtl/
an infinity of stars	무수한	/ɪnˈfɪnəti/	infinite	/ˈɪnfənət/
a minority opinion	소수 의견	/məˈnɔrəti/	minor	/ˈmaɪnɚ/
economic prosperity	번영	/prɑːˈspɛrəti/	prosper	/ˈprɑːspɚ/
alarming rapidity	놀라운 신속성	/rəˈpɪdəti/	rapid	/ˈræpəd/

Phrase	Meaning	Pronunciation	Related Word	Related Word Pronunciation
His dream became a reality.		/riˈæləti/	real	/ˈriːjəl/
responsibility for the actions		/rɪˌspɑːnsəˈbɪləti:/	response	/rɪˈspɑːns/

ability → 어빌러티, able → 에이블
electricity → 일렉트리서티, electric → 일렉트릭
equality → 이쿠얼러티, equal → 이큐얼
fertility → 퍼[r]틸러티, fertile → 퍼[r]틀
infinity → 인피니티, infinite → 인퍼니트
minority → 머노러티, minor → 마이너[r]
prosperity → 프라[r]스퍼러티, prosper → 프라[r]스퍼[r]

3-5) 접미사 -ium/-eum

- 금속 종류를 나타내는 Latin 계통의 명사에 붙입니다. - 앞 음절에 주강세를 붙여 강세체계를 구축하여 /ijəm/으로 발음됩니다.

Word	Pronunciation	한글표기
aluminum	/əˈluːmənəm/	얼루머넘
auditorium	/ˌɑːdəˈtorijəm/	아더**토**[r]리엄
medium	/ˈmiːdijəm/	**미**디엄
petroleum	/pəˈtroʊlijəm/	퍼**트**로울리엄 ✓
sodium	/ˈsoʊdijəm/	**소**디엄

3-6) 접미사 -meter, -metry

- 접미사 -meter, -metry는 '측정' 등의 의미를 부여합니다. - 앞 음절에 주강세를 붙여 강세체계를 구축하고 /mətər/, /mətri/로 발음됩니다.

영어 용어	한국어 번역	발음	한글표기
a barometer for inflation	척도(기압계)	/bəˈrɑːmətər/	버[r]**라**머터[r]

영어 용어	한국어 번역	발음	한글표기
10 km		/kəˈlɑːmətɚ, ˈkɪləˌmiːtɚ/	컬[r]라머터[r] 킬러미터[r]
diameter of the circle		/daɪˈæmətɚ/	다이애머터[r]
geometry shapes	기하학적 모양	/dʒiˈɑːmətri/	지아머트리
symmetry of living things	생물의 대칭성	/ˈsɪmətri/	시머트리

3-7) 접미사 -scence, -scent

- '냄새', '향기', '분위기' 등의 의미를 부여하고 앞 음절에 주강세를 붙여 강세체계를 구축하여 /sns/, /snt/로 발음됩니다.

영어	한국어	발음
through adolescence	사춘기	/ˌædəˈlɛsn̩s/
need convalescence for a week	회복	/ˌkɑːnvəˈlɛsn̩s/
fluorescent colors	밝은 색들	/fluˈrɛsn̩t/

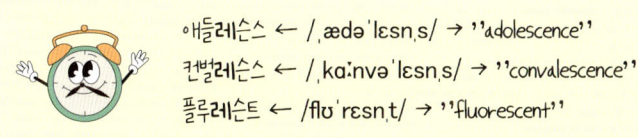

3-8) 접미사 tal

- 접미사 tal은 '…스러운', '지정된', '관련된' 등의 의미를 부여합니다. - 앞 음절에 주강세를 붙여 강세체계를 구축하여 /təl/로 발음합니다.

Phrase	Pronunciation	Root Word	Root Word Pronunciation
an accidental meeting with a friend	/ˌæksəˈdɛntəl/	accident	/ˈæksədənt/
continental breakfast	/ˌkɑːntəˈnɛntl̩/	continent	/ˈkɑːntənənt/

Phrase	Pronunciation	Root Word	Root Word Pronunciation
ornamental brickwork	/ˌɔrnəˈmɛntl̩/	ornament	/ˈɔrnəmənt/
sentimental story	/ˌsɛntəˈmɛntl̩/	sentiment	/ˈsɛntəmənt/
Incremental increases	/ˌɪŋkrəˈmɛntl̩/	increment	/ˈɪŋkrəmənt/
environmental contaminants	/ɪnˌvaɪrənˈmɛntl̩/	environment	/ɪnˈvaɪrənmənt/

accidental → 액서덴털, accident → 액서던트
continental → 컨터넨털, continent → 컨터넌트
ornamental → 오너멘털, ornament → 오너먼트
sentimental → 센터멘털, sentiment → 센터먼트
incremental → 잉크러멘털, increment → 잉크러먼트
environmental → 인바이런멘털, environment → 인바이런먼트

1) 예외)

Word	Pronunciation
digital	/ˈdɪdʒətl̩/
digit	/ˈdɪdʒət/
hospital	/ˈhɑːspɪtl̩/

▶ 사용빈도가 높은 단어들에서 모단어의 강세체계와 섞이는 예외들이 많음을 봅니다.

3) 접미사 -al은 접미사 -tal과 달리 앞의 앞 음절에 주강세를 붙여 강세 체계를 구축합니다.

4. 앞의 앞 음절에 주강세 부여 접미사

- 다음 접미사들은 자신의 앞의 앞 음절에 주강세를 붙여 강세체계를 재편시킵니다. 이를 토대로 발음을 가늠할 수 있습니다. -al -age -ous -sis

4-1) 접미사 -al

- '…스러운', '지정된', '관련된' 등의 의미를 부여하는 접미사 -al은 앞의 앞 음절에 주강세를 붙여 강세체계를 구축하여 /əl/로 발음합니다.

> 예) essence에 접미사 -al을 붙인 essential의 모음 발음은 모단어와 달라집니다. 자신의 앞의 앞 음절에 강세를 붙여 강세체계를 구축하는 접미사 -al의 특성에 의해 강세체계가 바뀌었기 때문입니다.

용어	발음	관련 단어	발음
agricultural subsidies	/ˌæɡrɪˈkʌlch(ə)rəl/	agriculture	/ˈæɡrɪˌkʌlchɚ/
bacterial virus	/bækˈtɪriəl/	bacteria	/bækˈtɪriə/
a conceptual framework	/kənˈsɛptʃəwəl/	concept	/ˈkɑːnˌsɛpt/
confidential information	/ˌkɑːnfəˈdɛnʃəl/	confident	/ˈkɑːnfədənt/
a habitual liar	/həˈbɪtʃəwəl/	habit	/ˈhæbət/
put up a memorial	/məˈmɔːriːəl/	memory	/ˈmɛməri/
an official announcement	/əˈfɪʃəl/	office	/ˈɑːfəs/
the native ritual	/ˈrɪtʃəwəl/	rite	/ˈraɪt/
became the principal staple	/ˈprɪnsəpəl/		/ˈsteɪpəl/
diagonal stripes	/daɪˈæɡənl̩/		/ˈstraɪp/

▶ diagonal \daɪˈæɡənəl, -ˈæɡnəl\ → 강음절 다음의 중간음절의 애매모음 /ə/는 흔히 탈락됩니다.

```
agricultural → 애그리컬처럴,  agriculture → 애그리컬처[r]
bacterial → 백티리얼,  bacteria → 백티리어
conceptual → 컨셉추얼,  concept → 칸셉트
confidential → 칸퍼덴셜,  confident → 칸퍼던트
habitual → 해비추얼,  habit → 해빗
memorial → 머모리얼,  memory → 메머리
official → 어피셜,  office → 아퍼스
ritual → 리추얼,  rite → 라잇
principal → 프린서펄
staple → 스테이펄
diagonal → 다이애거널
stripe → 스트라이프
```

영어 표현	한국어 번역	발음	한글표기
a general meeting	총회	/ˈdʒɛnrəl/ \ˈdʒɛnrəl, ˈdʒɛnə-\	**제**너럴
found a mineral deposits	광상	/ˈmɪnərəl/ \ˈmɪnrəl, ˈmɪnə-\	**미**너럴
unpublished material	출판되지 않은	/məˈtɪrijəl/	머**티**리얼
the Arabic numerals	없음	/ˈnuːmərəl, Brit ˈnjuːmərəl/ \ˈnuːmrəl, ˈnuːmə-; ˈnjuːm-, ˈnjuːmə-\	**누**머럴
an interval of one octave	한 옥타브 차 음정	/ˈɪntɚvəl/	**인**터벌

▶ 접미사 -al은 예외가 많습니다.

Word	Pronunciation	한글표기
proposal	prəˈpoʊzəl	프러**포**절
removal	rɪˈmuːvəl	리**무**벌
spiritual	ˈspɪrɪtʃəwəl	스피리**추얼**
universal	juːnəˈvɚsəl	유너**버**설
judicial	dʒuˈdɪʃəl	주**디**셜

▶ 접미사 -tal은 앞 음절에 강세를 붙여 강세체계를 구축합니다.

4-2) 접미사 -age

- 접미사 -age는 '행위', '상태' 등의 의미를 부여하고, 자신의 앞의 앞 음절에 주강세를 붙여 강세체계를 구축하고 /ɪdʒ/로 발음합니다.

Word	Pronunciation	한글표기
advantage	/ədˈvæntɪdʒ/	어드**밴**티지
average	/ˈævrɪdʒ/	**애**브리지
baggage	/ˈbæɡɪdʒ/	**배**기지
dosage	/ˈdoʊsɪdʒ/	**도**시지
manage	/ˈmænɪdʒ/	**매**니지
mortgage	/ˈmɔrɡɪdʒ/	**모**[r]기지
orphanage	/ˈɔrfənɪdʒ/	**오**[r]퍼니지
package	/ˈpækɪdʒ/	**패**키지
percentage	/pərˈsɛntɪdʒ/	퍼[r]**센**티지

1) 프랑스 어원; garage/ɡəˈrɑːʒ/ entourage/ˌɑːntʊˈrɑːʒ/
2) 한 음절 단어에서는 접미사가 아니고 /ˈeɪdʒ/로 발음

Word	Pronunciation
cage	/ˈkeɪdʒ/
rage	/ˈreɪdʒ/
sage	/ˈseɪdʒ/

4-3) 접미사 -ous

- 접미사 -ous는 ' 이 많은' ' 의 특징을 갖은' 등의 의미를 부여하고 자신의 앞의 앞 음절에 주강세를 붙여 강세체계를 구축하고 /əs/로 발음됩니다. cious, tious/ʃəs/를 /ʃi-əs/처럼 두 음절로 간주한 방법입니다.

표현	발음	명사형	명사형 발음
anxious to learn more	/ˈæŋ(k)ʃəs/	anxiety	/æŋˈzajəti/
a courageous action	/kəˈreɪdʒəs/	courage	/ˈkɚ·ɪdʒ/
dangerous overtake on a bend	/ˈdeɪndʒərəs/	danger	/ˈdeɪndʒɚ/
an erroneous theory	/ɪˈroʊnijəs/	error	/ˈerɚ/
He looks furious.	/ˈfyuri:əs/	fury	/ˈfjuri/
hazardous dense fog	/ˈhæzɚdəs/	hazard	/ˈhæzɚd/
a miraculous event	/məˈrækjələs/	miracle	/ˈmɪrɪkəl/
a mysterious smile	/mɪsˈtɪri:əs/	mystery	/ˈmɪstəri/
the poisonous doctrine	/ˈpɔɪznəs/	poison	/ˈpɔɪzn/
prosperous business	/ˈprɑːsp(ə)rəs/	prosper	/ˈprɑːspɚ/
look ridiculous	/rəˈdɪkjələs/	ridicule	/ˈrɪdəˌkjuːl/
a religious person	/rɪˈlɪdʒəs/	religion	/rɪˈlɪdʒən/
The room is fairly spacious.	/ˈspeɪʃəs/	space	/ˈspeɪs/
an orderly harmonious systematic cosmos	/hɑɚˈmoʊnijəs/	harmony	/ˈhɑɚməni/
soaring ambitiously	/æmˈbɪʃəs/	ambition	/æmˈbɪʃən/
a price so advantageous	/ˌædˌvænˈteɪdʒəs/	advantage	/ədˈvæntɪdʒ/
a monotonous voice	/məˈnɑːtnəs/	단조로운	
intuitively obvious	/ˈɑːbvij əs/	직관적으로 명백한	
spontaneous applause	/spɑːnˈteɪnjəs/	자연스러운 박수갈채	
an unanimous vote	/juˈnænəməs/	만장일치	

anxious → 앵셔스, anxiety → 앵자이어티
courageous → 커[r]레이져스, courage → 커[r]리지
dangerous → 데인져[r]러스, danger → 데인져[r]
erroneous → 이로니어스, error → 에러
furious → 퓨리어스, fury → 퓨리
hazardous → 해저[r]더스, hazard → 해저[r]드
miraculous → 머래큘러스, miracle → 미[r]리클
mysterious → 미스티리어스, mystery → 미스터리
poisonous → 포이즈너스, poison → 포이즌
prosperous → 프라스퍼러스, prosper → 프라스퍼[r]
ridiculous → 리디큘러스, ridicule → 리더큘
religious → 리리져스, religion → 리리젼
spacious → 스페이셔스, space → 스페이스
harmonious → 하[r]모니어스, harmony → 하[r]머니
ambitious → 앰비셔스, ambition → 앰비션
advantageous → 애드밴테이져스, advantage → 어드밴티지
monotonous → 머나터너스
obvious → 압비어스
spontaneous → 스판테이니어스
unanimous → 유내니머스

Word	Pronunciation	한글표기
conspicuous	/kənˈspɪkjəwəs/	컨스피큐어스
delicious	/dɪˈlɪʃəs/	딜리셔스
generous	/ˈdʒenərəs/	제너러스
laborious	/ləˈborijəs/	러보[r]리어스
nutritious	/nʊˈtrɪʃəs, Brit njʊˈtrɪʃəs/	누트리셔스
simultaneous	/ˌsaməlˈtemijəs, Brit ˌsɪməlˈtemiəs/	사이멀테이니어스

예외); tremendous/trɪˈmɛndəs/

4-4) 접미사 -sis

- 접미사 -sis는 process, action 등의 의미를 부여하고 앞의 앞 음절에 주강세를 붙여 강세체계를 구축하여 /sɪs/ /səs/로 발음됩니다.

▪analysis shows non-profitable▪ /əˈnæləsɪs/

▪genesis means beginning something▪ /ˈdʒɛnəsəs/

5. 자신에게 주강세 부여 접미사

- 다음의 접미사/어미들에는 주강세가 붙습니다.

  -ade -air -aire(F) -are -ee/-eer -ese -et(F) -ette(F) -esque(F) -eur(F) -euse(F)
  -ique(F) -mit -nounc e -oo/-oon(F) -ply -pose -press -self -tribute

5-1) 접미사 -ade

- '동작' '과정' 등의 의미를 부여하는 접미사입니다. - 자신에게 주강세를 붙여 강세체계를 구축하고 /ˈeɪd/로 발음됩니다.

예	발음
lemonade	/ˌɛəˈeɪ/
cascade	/kæˈskeɪd/
lemonade my favorite drink	/ˌlɛməˈneɪd/
homecoming parade	/pəˈreɪd/

5-2) 어미 -air

- /ˈɛɚ/로 발음됩니다.

Word	Pronunciation
fair	/ˈfɛɚ/
hair	/ˈhɛɚ/

5-3) 어미 -aire(F)

- 자신에게 주강세를 붙여 강세체계를 구축하고 /ˈeɚ/로 발음됩니다.

Word	Pronunciation	Derived From	Pronunciation of Derived Word
millionaire	/ˌmɪljəˈneɚ/	million	/ˈmɪljən/
questionnaire	/ˌkwɛstʃəˈneɚ/	question	/ˈkwɛstʃən/

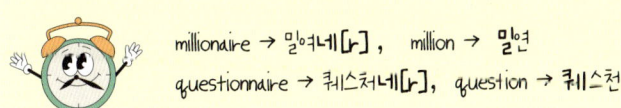

5-4) 어미 -are

- 자신에게 주강세를 붙여 강세체계를 구축하고 /ˈɛɚ/로 발음됩니다.

Phrase	Phonetic
prepare food in hygienic conditions	prɪˈpɛɚ

Word	Phonetic
careful	ˈkɛɚfəl
compare	kəmˈpɛɚ
declare	dɪˈklɛɚ
fanfare	ˈfænˌfɛɚ
ware	ˈwɛɚ

5-5) 어미 -ect

- 어미 -ect는 동사면 주강세가 붙는 /ˈɛkt/로, 명사/형용사면 약세 /ɪkt/로 발음됩니다. 명전동후 개념으로 강세가 붙습니다. ▶ 명사/형용사일 때에도 /ˌɛkt/로 발음되기도 하는데 이 때에는 부강세가 붙습니다. /ɛ/는 강세가 붙는 발음이기 때문입니다.

Word	Example 1	Example 2	Pronunciation	Part of Speech
defect	The Russian scholar defected in 1979.	This small defect greatly reduces the diamond's value.	/dɪˈfɛkt/, /ˈdiːˌfɛkt/	v, n
object	Your honor, I object. That question is misleading.	The object of study in her research is the human brain.	/əbˈʤɛkt/, /ˈɑːbʤɪkt/	v, n
perfect	need to perfect his reading skills	live together in perfect harmony	/pɚˈfɛkt/, /ˈpɚfɪkt/	v, a
project	projected to be finished in the fall	a research project	/prəˈʤɛkt/, /ˈprɑːˌʤɛkt/	v, n

Word	Example 1	Example 2	Pronunciation	Part of Speech
subject	His argument was subjected to careful analysis.	Chemistry was my favorite subject in high school.	/səbˈjɛkt/, /ˈsʌbjɪkt/	v, n
affect	The oceans are affected by the moon.	-	/əˈfɛkt/	v only
connect	a common theme connecting the stories	-	/kəˈnɛkt/	v only
expect	Costs have been higher than expected.	-	/ɪkˈspɛkt/	v only
collect	Dust had collected on the dashboard.	a collect phone call	/kəˈlɛkt/	v, a
correct	corrected spelling errors	Yes, that's correct.	/kəˈrɛkt/	v, a
select	selected one item from the list	A select number of people are invited.	/səˈlɛkt/	v, a
adjective	Use the word adjectivally.	-	/ˈædʒɪktɪv/	n only
aspect	the most important aspect of the problem	-	/ˈæˌspɛkt/	n only

defect (v) → 디펙트, defect (n) → 디펙트
object (v) → 업젝트, object (a) → 압젝트
perfect (v) → 퍼[r]펙트, perfect (a) → 퍼[r]펙트
project (v) → 프러젝트, project (n) → 프라젝트
subject (v) → 섭젝트, subject (n) → 섭젝트
affect (v) → 어펙트
connect (v) → 커넥트
expect (v) → 익스펙트
collect (v, a) → 컬렉트
correct (v, a) → 커렉트
select (v, a) → 셀렉트
adjective (n) → 애직티브
aspect (n) → 애스펙트

5-6) 접미사 -ee 및 -eer

- 자신에게 주강세를 붙여 강세체계를 구축합니다. - 접미사 -ee는 '행위를 당하는 사람' 등의 의미를 부여합니다.

단어	발음	관련 단어	접미사	의미
employee	/ɪmˌplɔɪˈiː/ /ɪmˈplɔɪˌiː/	employ	-eer	엠플로**이이**
assignee	\ˌæsəˈniː, ˌæsaɪˈniː, əˌsaɪˈniː\	assign	-eer	어사이**니**
career	/kəˈrɪɚ/		-eer	커[r]**리어**[r]
engineer	/ˌɛndʒəˈnɪɚ/		-eer	엔지**니어**[r]
pioneer	/ˌpaɪəˈnɪɚ/		-eer	파이오**니어**[r]
volunteer	/ˌvɑːlənˈtɪɚ/		-eer	벌런**티어**[r]

5-7) 어미 -ere

- 어미 -ere는 자신에게 주강세를 붙여 강세체계를 구축하고 /ɪɚ/로 발음됩니다.

문장	한국어 의미	발음
lives an austere life	검소한	/ɑˈstɪɚ/ → 아**스티어**[r]
attempted to interfere in her work	간섭하다, 방해하다	/ˌɪntɚˈfɪɚ/ → 인터[r]**피어**[r]
persevered in his studies	난관을 뚫고	/ˌpɚsəˈvɪɚd/ → 퍼[r]서**비어**[r]
He is revered as a hero.	큰 존경을 받다	/rɪˈvɪɚ/ → 리**비어**[r]
The storm caused severe damage to the roof.	심대한	/səˈvɪɚ/ → 서**비어**[r]
Her apology was sincere.	진지했다	/sɪnˈsɪɚ/ → 신**시어**[r]

예외) atmosphere /ˈætməˌsfɪɚ/ '분위기' '대기' '기압'

5-8) 접미사 -ese

- 접미사 -ese는 '나라의'의 뜻을 부여합니다. 자신에게 주강세를 붙여 강세체계를 구축하고 /ˈiːz/로 발음됩니다.

Language	Pronunciation	Country	Country Pronunciation
Chinese	/tʃaɪˈniːz/ → 차이니즈	China	/ˈtʃaɪnə/ → 차이너
Japanese	/ˌdʒæpəˈniːz/ → 자퍼니즈	Japan	/dʒəˈpæn/ → 저팬
Portuguese	/ˌpoɚtʃəˈgiːz/ → 포[r]처기즈	Portugal	/ˈpoɚtʃɪgəl/ → 포[r]치글
Vietnamese	/viːˌɛtnəˈmiːz/ → 비엣너미즈	Vietnam	/viːˈɛtnɑːm/ → 비엣나암

▶ Indian/ˈɪndijən/, Korean/kəˈriːjən/에서와 같이 접미사 -ese 와 같은 뜻을 갖는 접미사 -ian, -an은 앞 음절에 강세를 붙입니다.

5-9) 접미사 -et/-ette(F)

- 불어 접미사 -et와 여성형 -ette는 자신에게 주강세를 붙여 강세체계를 구축하고 /ˈɛt/와 /ˈɛt/로 발음됩니다.

단어	발음	의미
cassette	/kəˈsɛt/ → 커셋	
cigarette	/ˌsɪgəˈrɛt/ → 시거렛	
gazette	/gəˈzɛt/ → 거젯	주로 신문 이름에 사용
kitchenette	/ˌkɪtʃəˈnɛt/ → 키처넷	작은 부엌
silhouette	/ˌsɪləˈwɛt/ → 실러웻	불빛 앞의 검은 형상
swan lake ballet	/bæˈleɪ, ˈbæˌleɪ/ → 밸레이, 밸레이	
a bouquet of reddish roses	/boʊˈkeɪ, buːˈkeɪ/ → 보우케이, 부우케이	
taken a valet service	/ˈvæˌleɪ/ → 밸레이	주차원, 하인

5-10) 접미사 -esque(F)

- '…풍의' 등의 뜻을 부여하는 불어 접미사 -esque는 자신에게 주강세를 붙여 강세체계를 구축하고 /ˈɛsk/로 발음됩니다.

Phrase	Phonetic	
a picturesque village	/ˌpɪktʃəˈrɛsk/	픽처**레스크**
a grotesque villain	/groʊˈtɛsk/	그로우**테스크**
humoresque by Dvorak	/hjumɚˈrɛsk/	휴머[r]**레스크**

5-11) -eur(F) -euse(F)

- 불어 접미사 -eur과 -euse는 자신에게 주강세를 붙여 강세체계를 구축하고 /ˈɚ/와 /ˈɚz/로 발음됩니다.

영어 표현	한국어 번역	발음
as an amateur player		/ˈæməˌtɚ/ → 애머**터**[r]
a chauffeured limousine	운전사가 딸린 리무진	/ˈʃoʊfɚ, ʃoʊˈfɚ/ → **쇼**우퍼[r]
a Korean entrepreneur	한국 기업인	/ˌɑːntrəprəˈnɚ/ → 안트러프러**너**[r]
masseuse is a woman giving massage		/məˈsuːs/ → 머**수스**

5-12) 접미사 -ique(F)

- 접미사 -ique는 자신에게 주강세를 붙여 강세체계를 구축하고 /ˈiːk/로 발음됩니다.

단어	발음
antique	/ænˈtiːk/
boutique	/buːˈtiːk/
critique	/krəˈtiːk/
technique	/tɛkˈniːk/
unique	/jʊˈniːk/

-tik 의 경우는 여기 강세가 있다는 것이죠. 앤틱, 부틱 과 같이 특이점 없이 뒤에 있습니다.
-clude 의 경우도 뒤에 있고, -mit의 경우도 뒤에 있다는 것을 알아두시고, 한번씩 발음해보시면 좋을 것 같습니다.

5-13) 어미 -lude

- 어미 -lude는 자신에게 주강세를 붙여 강세체계를 구축하고 /luːd/로 발음됩니다.

어미	예시
-lude	conclude/kənˈkluːd/
-lude	exclude/ɪkˈskluːd/
-lude	seclude/sɪˈkluːd/ '감추다'

5-14) 접미사 -mit

- 'send'의 뜻을 부여하는 접미사 -mit는 자신에게 주강세를 붙여 강세체계를 구축하고 /ˈmɪt/로 발음됩니다.

Word	Pronunciation
admit	ədˈmɪt
commit	kəˈmɪt
omit	oʊˈmɪt
submit	səbˈmɪt
transmit	trænsˈmɪt

5-15) 접미사 -nounce

- 'report'의 뜻을 부여하는 접미사 -nounce는 자신에게 주강세를 붙여 강세체계를 구축하고 /ˈnaʊns/로 발음됩니다.

Word	Pronunciation
announce	/əˈnaʊns/
denounce	/dɪˈnaʊns/
pronounce	/prəˈnaʊns/
renounce	/rɪˈnaʊns/

5-16) 어미 -oo, -oon

- 어미 -oo, -oon는 자신에게 주강세를 붙여 강세체계를 구축하고 /ˈuː/와 /ˈuːn/로 발음됩니다.

Word	Pronunciation
balloon	bəˈluːn
bamboo	bæmˈbuː
bassoon	bəˈsuːn
cartoon	kɑɚˈtuːn
platoon	pləˈtuːn
saloon	səˈluːn
shampoo	ʃæmˈpuː
renounce	/rɪˈnaʊns/

-nounce 와 -oon, -ply, -pose, -press 의 경우도 뒤에 있습니다.
특별히 어려운 발음은 없으니, 한번씩 발음해 보시는 것이 좋습니다.

5-17) 접미사 ply

- '접다', '줄이다'의 뜻을 부여하는 접미사 ply는 자신에게 주강세를 붙여 강세체계를 구축하고 /ˈplaɪ/로 발음됩니다.

단어	발음	뜻
apply	/əˈplaɪ/	접다, 줄이다
comply	/kəmˈplaɪ/	접다, 줄이다
reply	/rɪˈplaɪ/	접다, 줄이다
supply	/səˈplaɪ/	접다, 줄이다

5-18) 어미 -pose

- 어미 -pose는 자신에게 주강세를 붙여 강세체계를 구축하고 /ˈpoʊz/로 발음됩니다.

Word	Pronunciation
oppose	/əˈpoʊz/
propose	/prəˈpoʊz/
suppose	/səˈpoʊz/

5-19) 접미사 -press

- news reports의 뜻을 부여하는 접미사 -press는 자신에게 주강세를 붙여 강세체계를 구축하고 /ˈprɛs/로 발음됩니다.

영어 표현	한국어 의미	발음
impressed her in vain	헛되게	/ɪmˈprɛst/
oppressed their citizens	억압	/əˈprɛst/
repressed her anger	억제	/rɪˈprɛst/
suppress thoughts	억눌린	/səˈprɛst/

5-20) 접미사 -self

단어	발음	기타 발음
myself	maɪˈsɛlf	maɪˈsɛlf, məˈ–, –ˈsɛf
yourself	jɚˈsɛlf	jɚˈsɛlf, southern ˈsɛf
himself	hɪmˈsɛlf	(h)ɪmˈsɛlf
herself	hɚˈsɛlf	(h)ɚˈsɛlf
ourselves	ˌaʊɚˈsɛlvz, ɑɚˈsɛlvz	ɑɚˈsɛlvz, ˌaʊɚˈsɛlvz
yourselves	jɚˈsɛlvz	
themselves	ðɛmˈsɛlvz	ðəmˈsɛlvz ðɛmˈsɛlvz

5-21) 어미 -tain

- 어미 -tain은 동사일 때에만 자신에게 주강세를 붙여 강세체계를 구축하고 /ˈteɪn/으로 발음됩니다.

Word	Meaning	Pronunciation
contained	the wildfires	/kənˈteɪn/
detain	by a flat tire	/dɪˈteɪn/
pertain	the family history	/pɚˈteɪn/
contains	an assortment of old papers	/kənˈteɪn/
entertain		/ˌɛntɚˈteɪn/
maintain		/meɪnˈteɪn/
obtain		/əbˈteɪn/

Word	Meaning	Pronunciation
retain		/rɪˈteɪn/
sustain		/səˈsteɪn/

▶ captain /ˈkæptən/, mountain /ˈmaʊntn̩/과 같이 명사/형용사면 /ən/, /n̩/으로 발음됩니다. (→무강세 접미사/어미)

 Mountain 은 마운튼, captain 은 캡튼 으로 발음 되는 것을 주의하시고, 나머지 -tain 은 모두 테인 인데, 강세가 앞에 있다는 것이 중요하죠.

5-22) 접미사 -tribute

- 접미사 -tribute는 자신에게 주강세를 붙여 강세체계를 구축하고 /ˈtrɪˌbjuːt/로 발음됩니다.

영어 표현	한국어 의미	발음
attributed the success to hard work	덕분이라고	/əˈtrɪˌbjuːt/
contributed greatly	크게 공헌	/kənˈtrɪbjuːt/
distributed the ration	식량 배급	/dɪˈstrɪbjuːt/
forced to pay tribute	공물을 받치도록	/ˈtrɪˌbjuːt/

6) 강세를 붙이지 않는 접미사/어미

- 다음의 접미사/어미들은 강세를 붙이지 않고 강세체계에도 영향을 미치지 않습니다.

-able/-ible -ad -ain -ance/-ant -ence/-ent -cient/-tient -en -ern - ess -et -ful -il -ing -ish -it -ive -lar -less -ly/-ry -ness -some -son/-zon -a, -i, -o

6-1) 접미사 -able/-ible

-접미사 -able/-ible은 'ability', 'tendency' 등의 의미를 줍니다.

- 강세를 붙이지 않고 강세체계에도 영향을 미치지 않습니다

- /əbəl/로 발음됩니다.

접미사/어미	설명	예시	발음
-able/-ible	'ability', 'tendency' 등의 의미를 주며 강세를 붙이지 않음	available capable reasonable compatible connectible possible	/əˈveɪləbəl/ → 어**베**이러벌 /ˈkeɪpəbəl/ → **케**이퍼벌 /ˈriːznəbəl/ → **리**즈너벌 /kəmˈpætəbəl/ → 컴**패**터벌 /kəˈnɛktəbəl/ → 커**넥**터벌 /ˈpɑːsəbəl/ → **파**서벌

6-2) 어미 -ad

- 어미 -ad에는 강세를 붙이지 않습니다. /əd/로 발음됩니다.

Word	Pronunciation
ballad	/ˈbæləd/ → **밸**럿
salad	/ˈsæləd/ → **샐**럿

6-3) 어미 -ain

- 어미 -ain에는 강세를 붙이지 않습니다. /ən/ 또는 /n/로 발음됩니다.

어미	예시	발음
-ain	bargain	/ˈbɑɚgən/ → **바**[r]건
	captain	/ˈkæptən/ → **캡**튼
	chaplain	/ˈtʃæplən/ → **채**플런
	porcelain	/ˈpɔrs(ə)lən/ → **포**[r]슬런
	villain	/ˈvɪlən/ → **빌**런
-ain	Britain	/ˈbrɪtn/ → **브리**튼
-ain	certain	/ˈsɚtn/ → **서**[r]튼
-ain	curtain	/ˈkɚtn/ → **커**[r]튼
-ain	mountain	/ˈmaʊntn/ → **마운**튼

▶ contain/kənˈteɪn/에서와 같이 동사에 붙이는 어미 -tain은 자신에게 강세를 붙이고 /ˈteɪn/으로 발음됩니다. (→ 주강세 접미사/어미)

6-4) 어미 -ance/-ant와 -ence/-ent

- 어미 -ance/-ant와 -ence/-ent에는 강세를 붙이지 않습니다. /əns/와 /ənt/로 발음됩니다.

어미	예시	발음
-ance/-ant	maintenance	/ˈmeɪntənəns/ → 메**인**터넌스
	substance	/ˈsʌbstəns/ → **섭**스터[n]스
	appearance	/əˈpɪrəns/ → 어**피**어[r]런스
	brilliant	/ˈbrɪljənt/ → **브릴**이언트
	constant	/ˈkɑːnstənt/ → **칸**스턴트
	indignant	/ɪnˈdɪɡnənt/ → 인**디**그넌트
	immigrant	/ˈɪməɡrənt/ → **이**머그런트
	instant	/ˈɪnstənt/ → **인**스턴트
	reluctant	/rɪˈlʌktənt/ → 리**럭**터넌트
-ence/-ent	difference	/ˈdɪfrəns/ → **디**퍼[r]런스
	existence	/ɪɡˈzɪstəns/ → 이그**지**스턴스
	silence	/ˈsaɪləns/ → **사**일런스
	adjacent	/əˈdʒeɪsnt/ → 어**제**이슨트
	client	/ˈklaɪənt/ → **클라**이언트
	contingent	/kənˈtɪndʒənt/ → 컨**틴**전트
	radiant	/ˈreɪdiənt/ → **레**이디언트

6-5) 어미 -cient/-tient

- 어미 -cient/-tient에는 강세를 붙이지 않습니다. /ʃənt/로 발음됩니다.

단어	발음
efficient	/ɪˈfɪʃənt/
sufficient	/səˈfɪʃənt/
patient	/ˈpeɪʃənt/
ancient	/ˈeɪnʃənt/

6-6) 어미 -en

- 어미 -en에는 강세를 붙이지 않습니다. /ən/로 발음됩니다.

6-7) 접미사 -er/ -or과 어미 -ar

- 접미사 -er/ -or과 어미 -ar에는 강세를 붙이지 않습니다. /ɚ/로 발음됩니다.

단어	발음
calendar	/ˈkæləndɚ/ → **캘**은더[r]
deliver	/dɪˈlɪvɚ/ → 딜**리**버[r]
predator	/ˈprɛdətɚ/ → **프레**더터[r]
splendor	/ˈsplɛndɚ/ → **스플**렌더[r]
surrender	/səˈrɛndɚ/ → 서**렌**더[r]
teacher	/ˈtiːtʃɚ/ → **티**처[r]

6-8) 어미 -ern

- 어미 -ern에는 강세를 붙이지 않습니다. /ɚn/으로 발음됩니다.

단어	발음
lantern	/ˈlæntɚn/ → **랜**턴
pattern	/ˈpætɚn/ → **패**턴
modern	/ˈmɑːdɚn/ → **마**던
northern	/ˈnoɚðɚn/ → **노**[th]던

6-9) 접미사/어미 - ess

- 접미사 -ess 여성 지칭 명사를 만듭니다. 미국은 약음 /əs/로 발음됩니다. 영국은 강음 /ˈɛs/입니다.

- 어미 - ess는 동사일 때에는 /ˈɛs/. 명사일 때에면 /əs/로 발음됩니다.

Word	Pronunciation	Part of Speech
possess	/pəˈzɛs/ → 퍼**제**스	v
progress	/ˈprɑːɡrəs/ → **프라**[r]**그**러스 Brit /ˈprəʊˌɡrɛs/ → 프**로우그**래스	n
process	/ˈprɑːˌsɛs/ → **프라**[r]**세**스 Brit /ˈprəʊˌsɛs/ → 프**로우세**스	n, v

6-10) -et

- 어미 -et에는 강세를 붙이지 않습니다. /ət/로 발음됩니다. '불어' 접미사 -et가 아닌 경우입니다.

Phrase	Meaning	Pronunciation
threw a bullet to the receiver	빠르게 날아가는 볼	/ˈbʊlət/ → **불럿**
They finally buried the hatchet	손도끼, 전의를 버렸다	/ˈhætʃət/ → **해쳇**
The judge in the case was in the senator's pocket		/ˈpɑːkət/ → **파컷**
market		/ˈmɑɚkət/ → **마[r]컷**
secret		/ˈsiːkrət/ → **시크럿**
target		/ˈtɑɚɡət/ → **타[r]겟**

6-11) 접미사 -ful

- 접미사 -ful은 '가득한'의 뜻으로 쓰일 때에는 /ˌfʊl/로 발음됩니다.

Word	Pronunciation
mouthful	/ˈmaʊθˌfʊl/ → **마우[th]스[f]풀**
spoonful	/ˈspuːnˌfʊl/ → **스푼[f]풀**

- 그렇지 않으면 접미사 -ful에는 강세를 붙이지 않습니다. /fəl/로 발음됩니다.

Word	Pronunciation
painful	/ˈpeɪnfəl/ → **페인[f]펄**
helpful	/ˈhɛlpfəl/ → **헬프[f]펄**

6-12) 어미 -il

- 어미 -il에는 강세를 붙이지 않습니다. /əl/로 발음됩니다.

영어 단어	한국어 번역	발음 기호
a city council member	시의회 위원	/ˈkaʊnsəl/ → **카운슬**
Use a pencil instead of a pen		/ˈpɛnsəl/ → **펜슬**

영어 단어	한국어 번역	발음 기호
cooking utensils	단순하고 유용한 가구/주방기구	/jʊˈtɛnsəl/ → 유**텐**슬

6-13) 접미사 -ing

- /ɪŋ/으로 발음되는 진행형 접미사 -ing에는 강세를 붙이지 않습니다.

Word	Pronunciation
coming	/ˈkʌmɪŋ/ → **커**밍

6-14) 접미사 -ish

- '…의 성질을 갖는' 등의 의미를 부여하는 접미사 -ish에는 강세를 붙이지 않습니다. /ɪʃ/로 발음됩니다.

형용사화 접미사	발음	동사화 접미사	발음
English	/ˈɪŋglɪʃ/ → **잉**글리쉬	diminish	/dəˈmɪnɪʃ/ → 드**미**니쉬
reddish	/ˈrɛdɪʃ/ → **레**디쉬	establish	/ɪˈstæblɪʃ/ → 이**스탭**블리쉬
selfish	/ˈsɛlfɪʃ/ → **셀**[r]피쉬	publish	/ˈpʌblɪʃ/ → **퍼**블리쉬

6-15) 어미 -it

- 어미 -it에는 강세를 붙이지 않습니다. /ət/로 발음됩니다.

Word	Pronunciation
digit	/ˈdɪdʒət/ → **디**짓
opposite	/ˈɑːpəzət/ → **아**퍼짓
transit	/ˈtrænsət/ → **트랜**짓
unit	/ˈjuːnət/ → **유**닛

6-16) 접미사 -ive

- '성질을 갖는', '경향이 있는' 등의 의미를 부여하는 접미사 -ive에는 강세를 붙이지 않습니다. /ɪv/로 발음됩니다.

Word	Pronunciation
active	/ˈæktɪv/ → **액**티브
passive	/ˈpæsɪv/ → **패**스브
decisive	/dɪˈsaɪsɪv/ → 디**사이**시브
effective	/ɪˈfɛktɪv/ → 이**펙**티브
offensive	/əˈfɛnsɪv/ → 어**펜**스브
sensitive	/ˈsɛnsətɪv/ → **센**스티브

6-17) 어미 -lar

- 어미 -lar에는 강세를 붙이지 않습니다. /lɚ/로 발음됩니다.

Word	Pronunciation
particular	/pɚˈtɪkjəlɚ/ → 퍼**티**큘러[r]
perpendicular	/ˌpɚpənˈdɪkjələ˞/ → 퍼펀**디**큘러[r]
rectangular	/rɛkˈtæŋgjələ˞/ → 렉**탱**귤러[r]
regular	/ˈrɛgjələ˞/ → **레**귤러[r]

6-18) 접미사 -less

- '없는' 등의 의미를 부여하는 접미사 -less에는 강세를 붙이지 않습니다. /ləs/로 발음됩니다.

Word	Pronunciation
reckless	/ˈrɛkləs/ɑ **렉**클러스
shameless	/ˈʃeɪmləs/ɑ **셰**임러스

6-19) 접미사 -ly

- 부사화 접미사 -ly에는 강세를 붙이지 않습니다. /li/로 발음됩니다.

Word	Pronunciation
lovely	/ˈlʌvli/ **러브리**
monthly	/ˈmʌnθli/ **먼**[th]**슬리**

6-20) 접미사 -ry

- '직업' '행위' '상태' 등의 의미를 부여하는 접미사 -ry에는 강세를 붙이지 않습니다. /ri/로 발음됩니다.

Word	Pronunciation
entry	/ˈɛntri/ **엔트리**
registry	/ˈrɛdʒəstri/ **레지스트리**
symmetry	/ˈsɪmətri/ **시머트리**

6-21) 접미사 -ness

- 명사화 접미사 -ness에는 강세를 붙이지 않습니다. /nəs/로 발음됩니다.

Word	Pronunciation
happiness	/ˈhæpinəs/ **해피너스**
loveliness	/ˈlʌvlinəs/ **러블리너스**

6-22) 접미사 -some

- '경향이 있는' 등의 의미를 주는 접미사 -some에는 강세를 붙이지 않습니다. /səm/으로 발음됩니다.

Word	Pronunciation
awesome	/ˈɑːsəm/
lonesome	/ˈloʊnsəm/
threesome	/ˈθriːsəm/

6-23) 어미 -son/-zon

- 어미 -son/-zon에는 강세를 붙이지 않습니다. /sən/, /sn/, /zən/, /zn/으로 발음됩니다.

Word	Pronunciation
comparison	kəmˈperəsən
horizon	həˈraɪzn̩
mason	ˈmeɪsn̩
person	ˈpɚsn̩
reason	ˈriːzn

7. 접두사의 강세

- 접두사들은

1) 모단어 강세체계에 따라 강세가 정해지는 접두사들과

2) 항상 부강세를 붙이는 접두사들의 두 가지로 나뉩니다.

6-1) dis-/re-

6-2) mis-/un-

6-3) in-(/im-/ir-)

6-4) en-(/in-/em-)

6-5) 기타 접두사

6-1) 접두사 dis- 와 re-

- dis-는 '부정'을, re-는 '다시'를 나타냅니다.

- 모단어 첫 음절의 강세 여부와 반대로 부강세나 무강세로 발음됩니다.

- '부정'이나 '다시'라는 뜻을 강조할 때에는 부강세를 붙입니다.

영어 표현	한국어 번역	발음
innate ability	타고난 능력	/əˈbɪləti/
disability benefits	장애자 연금	/ˌdɪsəˈbɪləti/
dance with grace	우아함	/ˈɡreɪs/
disgraced by the hint of scandal	망신	/dɪˈskreɪs/
dismayed to learn the truth	실망	/dɪsˈmeɪ/

단어	반의어	발음	반의어 발음
advantage	disadvantage	/əd'væntɪdʒ/	/ˌdɪsəd'væntɪdʒd/
agree	disagree	/ə'gri:/	/ˌdɪsə'gri:/
appear	disappear	/ə'pɪɚ/	/ˌdɪsə'pɪɚ/
charge	discharge	/'tʃɑɚdʒ/	/dɪs'tʃɑɚdʒ/
place	displace	/'pleɪs/	/dɪ'spleɪs/

영어 표현	한글 번역	발음
assured voice	확신에 찬	/ə'ʃuɚd/
a reassuring glance	안심시키는 눈빛	/ˌri:jə'ʃɚ/
an enforcement officer	집행관	/ɪn'foɚs/
a request for reinforcements	증원 요청	/ˌri:jən'foɚsmənt/
habilitating nonviolent offenders	경범자 회복 훈련	/hə'bɪlə.teɪt/
rehabilitate patients	회복시키다	/ˌri:jə'bɪlə.teɪt/

Word	Prefix Form	Pronunciation	Prefix Form Pronunciation
collect	recollect	/kə'lɛkt/	/ˌrɛkə'lɛkt/
fresh	refresh	/'frɛʃ/	/rɪ'frɛʃ/
generate	regenerate	/'dʒɛnə.reɪt/	/rɪ'dʒɛnə.reɪt/
mark	remark	/'mɑɚk/	/rɪ'mɑɚk/
play	replay	/'pleɪ/	/'ri:.pleɪ/
produce	reproduce	/prə'du:s/	/ˌri:prə'du:s/
store	restore	/'stoɚ/	/rɪ'stoɚ/
reflect	reflect	/rɪ'flɛkt/	/rɪ'flɛkt/
reply	reply	/rɪ'plaɪ/	/rɪ'plaɪ/
reserve	reserve	/rɪ'zɚv/	/rɪ'zɚv/

▶ reestablish /ˌri:jɪ'stæblɪʃ/처럼 e가 겹쳐지면 발음이 길어집니다.

 Re- 나 Dis-, Un-, In-, Im- 의 접두사가 붙어도 강세나 발음은 변하지 않는 것에 주의하시고, 접두사에 부강세도 꼭 알아두세요!

6-2) mis- '잘못'과 un-

- '부정'의 의미를 부여하며 항상 부강세를 붙입니다. not을 포함해 부정하는 단어와 음절은 강하게 발음합니다.

Term	Meaning	Pronunciation
apprehend	이해	/ˌæprəˈhænd/
misapprehend	오해	/ˌmɪsˌæprəˈhɛnd/
enunciation	발음	
misgiving	잘못되리라는	/ˌmɪsˈɡɪvɪŋ/
interpret		/ɪnˈtɜrprɪt/
misinterpret		/ˌmɪsɪnˈtɜrprɪt/
lead		/ˈliːd/
mislead		/ˌmɪsˈliːd/
understand		/ˌʌndɚˈstænd/
misunderstand		/ˌmɪsˌʌndɚˈstænd/
accountable	설명할 수 있는	/əˈkaʊntəbəl/
unaccountable		/ˌʌnəˈkaʊntəbəl/
accustomed	익숙해진	/əˈkʌstəm/
unaccustomed	익숙지 않은	/ˌʌnəˈkʌstəm/
certain		/ˈsɚtn/
uncertain		/ˌʌnˈsɚtn/
comfortable		/ˈkʌmftɚbəl/
uncomfortable		/ˌʌnˈkʌmfɚtəbəl/
common		/ˈkɑːmən/
uncommon		/ˌʌnˈkɑːmən/
fair		/ˈfɛɚ/
unfair		/ˌʌnˈfɛɚ/

6-3) 접두사 in- (il-/ im-/ ir-)

- '부정'의 의미 - 항상 부강세를 붙입니다.

- 두음에 따라. il-, im-, ir-로 변화합니다.

Prefix	Usage
il-	before words beginning with l
im-	before words beginning with b, m and p
ir-	before words beginning with r

영어 표현	한국어 번역	발음
an equitable defense	정당 방위	/ˈɛkwətəbəl/
highly inequitable	매우 부당한	/ˌɪnˈɛkwətəbəl/
a sane person	온전한 사람	/ˈseɪn/
insanely jealous	미치도록 질투심이 많은	/ɪnˈseɪn/
starkly different	뚜렷이 다른	/ˈdɪfrənt/
indifferent to public opinion	무관심한	/ɪnˈdɪfɚənt/

Word	Opposite	Pronunciation	Opposite Pronunciation
secure	insecure	/sɪˈkjɚ/	/ˌɪnsɪˈkjɚ/
justice	injustice	/ˈdʒʌstəs/	/ɪnˈdʒʌstəs/
patient	impatient	/ˈpeɪʃənt/	/ɪmˈpeɪʃənt/
legal	illegal	/ˈliːgəl/	/ɪˈliːgəl/
possible	impossible	/ˈpɑːsəbəl/	/ɪmˈpɑːsəbəl/
responsible	irresponsible	/rɪˈspɑːnsəbəl/	/ˌɪrɪˈspɑːnsəbəl/

6-4) en- (in-/em-)

- '안에 넣다'의 뜻을 주는 접두사

- 모단어 첫 음절의 강세 여부와 반대로 강세(부강세)를 주거나 뗍니다. 강조하려 접두어에 주강세를 주기도 합니다.

- in-으로 바뀌기도 하고, b, m, p 앞에서는 em-으로 바뀝니다.

Phrase	Translation	Pronunciation
chanted the fans	함성을 질렀다	/ˈtʃænt, Brit ˈtʃɑːnt/
an enchanting smile	고혹적인 미소	/ɪnˈtʃænt, Brit ɪnˈtʃɑːnt/
The door was closed abruptly.		/ˈkloʊz/
enclosed a resume		/ɪnˈkloʊz/
beyond the compass of the human mind		/ˈkʌmpəs/
a lake encompassed by mountains		/ɪnˈkʌmpəs/ /ˈmaʊntn/

Word	Transformed Word	Pronunciation Original	Pronunciation Transformed
counter	encounter	/ˈkaʊntɚ/	/ɪnˈkaʊntɚ/
courage	encourage	/ˈkɚːrɪdʒ/	/ɪnˈkɚːrɪdʒ/
rich	enrich	/ˈrɪtʃ/	/ɪnˈrɪtʃ/
vision	envisioned	/ˈvɪʒən/	/ɪnˈvɪʒən/
board	inboard	/ˈboɚd/	/ˈɪnˌboɚd/
bank	embank	/ˈbæŋk/	/ɪmˈbæŋk/
powered	empowered	/ˈpaʊɚd/	/ɪmˈpaʊɚd/

6-5) 기타 접두사

- 일반적으로 접두사는 동사에 붙으면 대체로 약세로 발음되지만, 접두사의 종류에 따라 강세가 붙기도 합니다.

Prefix	Meaning	Examples
ab-	'away' 'apart' 'absolute'	absent, abnormal, abstract, absolute
ad-	'forward'	advance, advert
anti-	'against' 'oppose'	antiaircraft, Antarctic
be-	'be'	believe, behave, beware, become, beloved
bi-	'two' 'bio'	bicycle, biochemistry
circum-	'around' 'about'	circumscribe, circumvent, circumstance

Prefix	Meaning	Examples
co-	'with'	commemorative, collaborate, colleague, concord, correlate, cooperate
contra-	'against' 'oppose'	contradict, contraceptive, contravene, contract, contralto, contrabass
de-	'apart' 'down'	depart, depress, decline, degrade
dis-	'opposite' 'exclude'	disqualify, disclose, disbar, diffuse, divert
en-	'in'	enable, enclosure, employ, embody, involve, include, import, immense
ex-	'out'	exclude, exchange
for-	'away', 'off'	forbear, forbid
hyper-	'excessively' 'extremely'	hypertext, hypersensitive
non-	'not'	nonsense, nonaligned, nonbeliever, nonmember
ob-	'toward' 'for'	object, obtain
out-	'out', 'begin'	outrage, outcome, outbreak, outback, outburst, outdoor, outfit
over-	'over'	overcome, overall, overflow, overlook
per-	'through'	perform, perceive
pre-	'before'	prepare, preserve, prevent
semi-	'half' 'part'	semicolon, semipro, semiconductor
sub-	'under' 'slightly'	submerge, subsidiary, succeed, success
suf-	'under' 'slightly'	suffice, suffix, suggest, summary, summit, supply, support, surrender, surround, surcharge, suspect, suspend
trans-	'other side' 'over' 'across'	transaction, transfix, transform

1) 두 음절 접두사면 부강세를 주로 붙입니다. 동사로 쓰이면 접두사의 길이에 관계없이 어근에 강세, 명사면 앞에 강세가 붙습니다.(복합명사)

5장

구어에서의 발음 변화

5장

구어에서의 발음 변화

우리는 단어의 뜻과 발음을 익힐 때, 보통 사전에서 제시하는 형태를 기준으로 공부합니다. 하지만 실제 회화 속에서 원어민이 말하는 영어는, 우리가 암기한 발음과는 사뭇 다르게 들립니다.

문장을 천천히 읽을 때는 잘 들리던 단어들이, 말하는 속도가 빨라지면 어느 순간부터는 잘린 듯 사라지고, 섞이고, 흘러가는 것처럼 느껴지곤 합니다.

이유는 단순합니다. 영어는 문장 속에서 말이 자연스럽게 이어지도록 하기 위해, 단어 간에 다양한 음성 변화를 만들어내기 때문입니다.

이 장에서는 영어 회화 속에서 특히 자주 나타나는 다음의 다섯 가지 소리 변화를 살펴보겠습니다:

구개음화 (Palatalization)

: [t], [d] 같은 자음이 [y]와 만나면서 [ㅊ], [ㅈ]처럼 변화하는 현상 (ex. don't you → [돈츄], did you → [디쥬])

동화 (Assimilation)

: 인접한 소리가 앞뒤 소리의 영향을 받아 유사한 발음으로 바뀌는 현상 (ex. good boy → [굳 보이] → [굽 보이])

탈락 (Elision)

: 빠르게 말할 때 불필요한 자음이나 음절이 생략되는 현상 (ex. friendship → [프렌칩], next day → [넥스데이])

축약 (Contraction)

: 단어들이 짧은 형태로 줄어들어 발음되는 현상 (ex. I am → [I'm], would not → [wouldn't], I'd better → [아잇 베러])

연음 (Linking)

: 단어의 끝 소리와 다음 단어의 첫 소리가 자연스럽게 이어지는 현상 (ex. turn it off → [터니러프], go on → [고 원])

이러한 변화는 문법 규칙처럼 '외워야 하는 것'이 아니라, 영어가 부드럽고 리듬감 있게 말해지기 위해 자연스럽게 발생하는 현상입니다. 이 장을 통해 각 소리 변화가 언제, 어떻게, 왜 일어나는지를 이해하면 원어민의 말을 더 잘 듣고, 나 역시 자연스럽게 말할 수 있는 힘을 갖게 됩니다.

1. 개요 - 구어에서의 발음

- 구어에서는 하나의 말 뭉치 안에서는 음절이나 단어 사이의 경계를 허물어 통합해 발음하고, 혀가 엉키지 않게 부드럽게 발음합니다. 다음과 같은 발음의 변화가 일어납니다.

1) 앞 뒤 음을 동화시켜 발음하고

Phrase	IPA 1	IPA 2
Did you really?	/dɪˈdʒuː/ /ˈriːjəli/ 디**쥬** 리열리	/dɪdˈjuː/ /ˈriːəli/ 디**듀** 리얼리

2) 약모음을 탈락시키고

Simbol	Pronunție
camera	/ˈkæmrə/ ← /ˈkæmərə/ **캠**므러 **캐머**러

3) d와 t를 부드러운 발음이 되도록 구개음화시키든가 단타음화시키고 -

Phrase	IPA
try it again	/ˌtʃʊraɪɾəˈgɛn/ ← /ˌtraɪtəˈgɛn/ 추라이러**겐** ← 트라이터**겐**

4) 같은 음운이나 유사음운의 음이 연음될 때 혀의 부딪침을 줄이려 순간 지체를 통해 한 음을 줄이든가 탈락시키고

문장	연음 후
had done it	/əˈdʌn/ 어**던**
first thing to do	/ˈfɚs(t) θɪŋ/ /tɚˈduː/ 퍼[r]스트[th]씽 터두
Didn't she?	/ˌdɪn̩ˈʃiː/ 디른쉬

▶ ( ) 안의 발음은 숨을 끊음으로 발음을 대신합니다.

▶ 예를 들어 d, n, t와 r, l 그리고 s, z는 치경음에 속합니다. 윗 잇몸을 쳐서 소리 냅니다. 이로 인해 이 중 두 음이 연음되면 혀의 부딪침이 일어납니다.

5) 유/무성음을 지속시켜 입 놀림을 최소화하고

Word	Pronunciation
dresses	/ˈdrɛss/
shoes	/ˈʃuːz/
dressed	/ˈdrɛst/
allowed	/əˈlaʊd/

▶ z와 s는 유, 무성음의 차이만 있는 같은 음운의 소리입니다.

▶ dress의 막 자 s는 무성음이어서 뒤따르는 복수화 접미사 s는 입놀림을 최소화시키려 무성음 /s/로 발음됩니다. 반면에 shoes의 s는 앞 음은 모음이어서 유성음 z로 발음됩니다. 모든 모음은 유성음입니다.

▶ d와 t는 유, 무성음의 차이만 있는 같은 음운의 소리입니다. dress의 막 자 무성음 s 다음의 d는 무성음 /t/로 발음되고, allow의 d는 유성음 뒤라 /d/로 발음되게 됩니다. 이로써 입 놀림이 최소화됩니다.

6) 약음 h l ð v w r 를 탈락시키고

Original	Pronunciation	Transformed	Pronunciation
help find them	/ˈhɛlp//ˈfaɪnd//ðəm/ 헬ㅍ [f]파인ㄷ[th]덤	help find'em	/ˈhɛəlp//ˈfaɪnəm/ 헬ㅍ [f]파이넘

7) 혀 놀림을 편하게 하려 자모를 도치시키고

Phrase	IPA
come from	/ˈkʌmfrəm/ → /ˈkʌmfɚm/ 컴펌[r]

8) 혀 놀림을 부드럽게 하려 r, p/t/k, ə 등을 첨가시키는 입 놀림을 원활히 하려는 발음의 경제성이 일어납니다.

Phrase	Original Pronunciation	New Pronunciation
Go ahead!	/ˈgoʊəˈhɛd/	/ˌgoʊəˈhɛd/ 고우러**해드**
length	/ˈlɛŋθ/	/ˈlɛŋkθ/ **랭**ㅋ[th]스
still	/ˈstɪl/	/ˈstɪəl/ **스티**을

9) be동사, have 등의 조동사 등은 단어 본래의 뜻을 나타낼 때에는 강음으로 발음하지만 생략되어도 뜻 전달이 가능한 문법만을 맞추기 위해 첨가되는 단어일 때에는 약음으로 발음됩니다.

표현	축약형	발음	설명
I have had	I've had	/ˌaɪvˈhæd/ 아이브**헤드**	have/ˈhæv, əv/는 강음과 약음의 두 가지로 발음됩니다.

'갖는다'는 뜻으로 쓰일 때에는 강음으로 발음하지만 예문과 같이 현재 완료형을 만들기 위한 조동사로 사용될 때에는 약음으로 발음됩니다.

- 60%정도의 발음이 이러한 변형을 거쳐 발음된다고 합니다. 발음 변환이 많을수록 알아듣기가 어려워집니다. 발음변환이 지나치면 경박스럽고, 없으면 경직됩니다.
- 구어발음을 터득할 때 원어민과의 의사소통이 가능합니다. 단어 단위로 또박또박 발음하면 의사 표현은 가능하지만 이를 모르면 상대의 말을 알아 들을 수가 없습니다.
- 순서

1. 연음될 때의 동화작용

2. 축약/탈락/도치/첨가

3. 기능어와 내용어

4. 자음의 발음 특성

5. 기타 발음 특성

2. 연음에 의한 동화

- 단어나 음절 사이의 앞 뒤 음이 연음되면서 입, 혀, 목청의 움직임이 원활하도록 동화작용이 일어납니다.

2-1) 모음-모음 동화

2-2) 자음-모음 동화

2-3) 자음-자음 동화

2-4) 유/무성음 동화

2-5) 구개음화

2-6) 단타음화

2-1) 모음-모음 동화

1) /ɪ/+/ə/→/jə/ · higher/ˈhajɚ/

▶ /ɪ/ 와 /ə/를 연이어 빠르게 발음해 보면 /jə/로 발음됨을 알 수 있습니다.

Word	Original Pronunciation	Revised Pronunciation
real	/ˈriːjəl/	/ˈriːəl/ **리얼**
warrior	/ˈworijɚ/	/ˈworiɚ/ **워리어**[r]
sway along	/ˈsweɪəˈlɑːŋ/	/ˈsweɪjəˌlɑːŋ/, /ˈsʊweɪjəˌlɑːŋ/ **스웨**이얼랑, **수웨**이얼랑

 어 발음이 여 처럼 들리는 경우입니다.

▶ w는 ㅜ를 발음할 때의 입 모양으로 발음이 시작되어 앞 음절에 ㅜ가 붙습니다. 영어가 모국어가 아닌 화자에게는 발음기호에 /ʊ/ 첨가가 필요합니다.

2) /ɪ/+/uː/→/juː/

Word	IPA	Alternative IPA
beauty	/ˈbjuːti/ **뷰티**	/ˈbɪuːti/ **비우티**

3) /ɪ/+/ɛ/→/ɪjɛ/

Phrase	IPA	Alternative IPA
the elevator	/ðɪ/ /ˈɛləˌveɪtɚ/ [th] 디**엘**러베이터[r]	/ðɪˈjɛləˌveɪtɚ/ [th]디**옐**러베이터[r]

4) /ʊ/+모음→/w+모음/

Word/Phrase	Original Pronunciation	Modified Pronunciation
graduate	/ˈɡrædʒəˌweɪt/ 그래저웨이트	/ˈɡrædʒəˌwət/ 그래저웟
ruin	/ˈruːwən/ 루우은	
Venezuela	/ˌvɛnəˈzweɪlə/ 베너즈웨이러	/ˌvɛnəˈzuweɪlə/ 베너주웨이러
going	/ˈɡowɪŋ/	/ˈɡoʊɪŋ/
How are you doing?	/ˈhaʊ//ɚ//ˈjuː//ˈduːwɪŋ/	/ˈhawɚ//juːˈduːwɪŋ/ 하워[r] 유두윙
Let's go on.	/ˈlɛts//ˈɡoʊ//ˈɑːn/	/ˈlɛts//ˈɡoʊˈwɑːn/ 레스 고우원

 여기서도 어 발음이 변화하는데요. 마치 워 처럼 발음되는 경우이죠.

영어 문장	한국어 번역	발음
united to form a coalition	연합	/ˌkowəˈlɪʃən/ 코월리션
a dancer's fluid movements	유연한	/ˈfluːwəd/ 플루윋
a genuine Persian rug	진짜 페르시아 양탄자	/ˈdʒɛnjəwən/ /ˈpɝʒən/ 젠유원 퍼[r]전

▶ 약음 I 역시 흔히 애매모음 /ə/로 발음됩니다.

English Phrase	Korean Translation	Pronunciation
an alien environment	낯선 환경	/ˈeɪliən/ /ɪnˈvaɪrənmənt/ 에일리언 인바이[r]언먼트
a convenient store	편의점	/kənˈviːnjənt/ 컨빈연트
a miniaturized car		/ˈmɪniətʃəˌraɪz/ 미니어처[r]라이즈

English Phrase	Korean Translation	Pronunciation
billiard balls on a billiard table		/ˈbɪljɚd/ /ˈbɑːlz/ 빌여[r]ㄷ 볼ㅈ

Word	Pronunciation
higher	/ˈhajɚ/
mayor	/ˈmejɚ/
obvious	/ˈɑːbvijəs/

영어 표현	한국어 번역	발음
Quack doctors	돌팔이 의사들	/ˈkwæk/ 크웨ㅋ
platonic body square	플라톤 입체	/ˈskweɚ/ /pləˈtɑːnɪk/ 스퀘어[r] 플러타닉
Let's go on	진행시키자	/ˌlɛtsˈɡoʊˈɑːn/→ /ˌlɛtsˌɡoˈwɑːn/ 렛스 고완
between you and me		/ˈjuːənˌmiː/→/ˈjuːwənˌmiː/ 유은미 / 유우은미
coalition forces	연합군	/ˌkowəˈlɪʃən/ 코얼리션
graduate school	대학원	/ˈɡrædʒəwət/ 그래쥬엇
a persuasive salesman	설득력있는 영업사원	/pɚˈsweɪsɪv/ 퍼[r]스웨이시브
He's in a bad situation.	나쁜 상황	/ˌsɪtʃəˈweɪʃən/ 시처웨이션
a silhouette against the sky		/ˌsɪləˈwɛt/ 실러웻

2-2) 자음-모음 동화

- 앞 뒤 단어의 자음과 모음이 동화됩니다.

Phrase	Pronunciation
got you	/ˈɡɑːtʃə/ ('gotcha') 갓차
Have you done?	/əvjəˈdʌn/ 어뷰던
Neither am I.	/ˌniːðrəˈmaɪ/ 니더[r]러마이
far away	/ˈfɑːrəˌweɪ/ 파[r]어웨이
figure out	/ˈfɪɡjəˌraʊt/ 피겨라웃

Phrase	Pronunciation
He's an actor.	/ˌhɪzənˈæktɚ/ 히즌**액**트어[r]
picked up	/ˈpɪkˌtʌp/ **픽딮**
Stop it	/ˈstɑpət/ **스타뻿**

이 경우는 앞 단어의 마지막 음절에 r 이 있는 경우와 그렇지 않은 경우로 크게 나눌 수 있는데요. R 이 있는 경우는 뒷 단어의 첫음절이 r 인 것처럼 발음되구요.
아닌 경우는 마지막 음절의 발음이 세게 발음되서 붙는 경우이죠.

2-3) 자음-자음 동화

- 앞 뒤 단어의 자음이 그들의 음운에 따른 영향으로 동화됩니다. 순행, 역행, 상호 동화가 있습니다.

1) 순행동화 - 앞 음의 음운에 맞추어 뒤 음을 변형시킵니다.

예) and의 merriam-webster.com의 발음은 다음과 같습니다.

- and \ən(d), (ˈ)an(d), usually n(d) after t, d, s or z,

→ 치경음 뒤에는 치경음 /n(d)/로 발음 often m after p or b,

→ 양순음 뒤에는 양순음 /m/으로 발음 sometimes ŋ after k or g\

→ 연구개음 뒤에는 연구개음 /ŋ/으로 발음 ▪We've been at the rock and roll festival.▪

→ /ˈwiːbɪnəð/ /ˌrɑːkŋˈroʊl/ /ˈfɛstvəl/ 위:비너[th]드 라큥로울 [f]페스트벌

1) 'rock and roll'의 and는 강조될 필요가 없어 약음 /ən/선택,

2) camera/ˈkæmrə/와 같이 흔히 강음 다음의 중간 음절의 /ə/는 탈락되어 /ən/→/n/,

3) 치경음 n d가 연음되면 혀 놀림이 부자연스러워져 /nd/→/n/,

4) 연구개음 k나 g가 /n/에 선행되면 n/은 같은 계열의 연구개비음 /ŋ/으로 바뀌어 발음됩니다. 이러한 현상을 순행동화라 합니다.

음소	발음 규칙
and	치경음 뒤에는 치경음 /n(d)/로 발음
and	양순음 뒤에는 양순음 /m/으로 발음

음소	발음 규칙
and	연구개음 뒤에는 연구개음 /ŋ/으로 발음
rock and roll	/ˌrɑːkŋˈroʊl/ 라킹로울
and	'rock and roll'의 and는 강조될 필요가 없어 약음 /ən/선택
camera	/ˈkæmrə/와 같이 흔히 강음 다음의 중간 음절의 /ə/는 탈락되어 /ən/→/n/
n d	치경음 n d가 연음되면 혀 놀림이 부자연스러워져 /nd/→/n/
k나 g	연구개음 k나 g가 /n/에 선행되면 n은 같은 계열의 연구개비음 /ŋ/으로 바뀌어 발음

부자연스럽게 연속되는 발음에서 주로 뒤에 발음이 생략됩니다. And 가 언 아나 앤 으로 발음되는 경우죠. 가끔은 엉 아나 응 으로 발음되기도 합니다.

▶ v와 b는 같은 음운의 유사음이라 한 음이 생략됩니다. t와 ð 역시 마찬가지입니다.

Location	Pronunciation
Main Street and First Avenue	/ˌmeɪmˈstriːřn/ /ˌfɚsˈtævəˌnuː/

- 치경음 t/d/s/z가 선행되면 /n/으로 발음됩니다.

Word	Pronunciation
up and down	/ˌʌpmˈdaʊn/

— 양순음 p, b가 선행된 n은 같은 계열을 양순/비음 m으로 바뀌어 발음됩니다.

Item	Phonetic Transcription
ice cream and cake	/ˌaɪsˈkriːmən/ /ˈkeɪk/

- 기타 문자가 선행되면 /(ə)n/으로 발음됩니다.

2) 역행동화

- 잎 음의 음운을 뒤 음의 음운에 맞추어 변형시키는 작용으로 대부분의 동화 작용은 역행동화입니다. 다음 보기가 대표적인 사례입니다.

  • have to /ˈhæv, əv; in "have to" meaning "must" usually ˈhæf/

▶ 앞 순치 유성음 v가 뒤 무성음 t의 영향으로 같은 음운의 순치 무성음 f로 바뀌어 발음됩니다.

  • handkerchief /ˈhæŋkətʃəf/

▶ n과 d는 같은 치경음이라 연속으로 소리 낼 때 혀의 놀림이 원활하지 못해 한음이 탈락됩니다. 결과로 인접하게 된 n과 k에서 n은 뒤의 구개음(k, g)의 영향으로 같은 계통의 연구개음 /ŋ/로 바뀌어 발음됩니다.

3) 상호동화 - 앞 뒤 음이 서로에게 영향을 미치는 동화입니다.

Phrase	Phonetic	Meaning	Transformation
Got you	/ˈgɑːt//ˈjuː, jə/	알았다	/ˈgɑːtjə/→/ˈgɑːtʃə/ ('Gotcha') 갓차
			(d, t, z, s)+y(j) → /dʒ, tʃ, ʒ, ʃ/

음운 분류

	양순음	순치음	치음	치경음	경구개 치경음	연구개음	성문음
폐쇄음	p, b			t, d		k, g	
마/파찰음		f, v	θ, ð	s, z	ʃ, ʒ tʃ, dʒ		h
비음	m			n		ŋ	
유음				l, r			
전이음	w			(r)	y(/j/)	(w)	

▶ 양순;양 입술, 치;이, 순치;입술과 이, 치경;잇몸, 경구개;잇몸 위 딱딱한 입천정, 연구개;입 천정, 폐쇄음;숨이 멈춰지는 음, 비음;코 소리, 유음;흐르는 소리

- ▶ 이齒에 연관된 음이 연음될 때 탈락/축약 작용 (파란색)
- ▶ 초록색으로 표시된 비음 n이 양순음이나 경구개치경음과 연음되면 그 음운의 비음으로 동화 (초록색)
- ▶ 전이음 w와 y는 자음으로 발음될 때 w는 'ㅜ'를 발음할 때의 입 모양으로 발음을 시작하고, y는 'ㅣ'를 앞에 덧붙여 발음 ㅣ

아래 설명들은 and 가 서로 다르게 발음 되는 경우들입니다.
응, 음 등도 있다는 것에 주의하세요.

Phrase	Phonetic Transcription
singing and whooping with glee	/ˌsɪŋməŋˈhuːpɪŋ//ˌwɪðˈgliː/ 싱인엉 후핑 윋[th] 글리
pig and hen	/ˌpɪgŋˈhɛn/ 피긍헨
sharp and clear like chiseled features	/ˌʃɑɚpmˈklɪɚ//ˌlaɪkˈtʃɪzldˌ//ˈfiːtʃɚz/ 샤[r]픔클리[r] / 라익 치즐드 피:처[r]즈
Bob and me	/ˈbɑːbm//ˈmiː/ 바븜미
up and down	/ˌʌpmˈdaʊn/ 어픔다운
Main Street and First Avenue	/ˈstriːřn//ˈfɚst/ˈævəˌnuː/ 메인 스뚜리른 [f]퍼[r]스트 애버뉴
swerved and avoided an accident	/ˈswɚvd//ˌænd//ˈvɔɪdəd//əˈnæksədənt/ 스워[r]브ㄷ 앤 드보이더ㄷ 언액서든ㅌ
I told him to go and he went.	/ˈtoʊldɪm//ˈtgoʊ//ˌænd//ˌhiːˈwɛnt/ 토울딤 ㅌ고우 앤드 히:웬ㅌ

- ▶ /ˌhiːˈwɛnt/는 /ˌhjuːˈwɛnt/로 발음됩니다. w는 ㅜ를 발음할 때의 입 모양으로 시작되는 발음이기 때문입니다.
- ▶ 문장을 연결시키는 and/ˈænd, ənd, ən/는 강하게 발음합니다.

Word	Phonetic
became	/bɪˈkeɪm/ 비케임
More and more	/ˌmɔrnˈmɔɚ/ 모어른모어
talkative	/ˈtɑːktɪv/ 타ㅋ티브

▶ /ˈmoɚn/의 성절자음 /n/은 '은'으로 발음됩니다. 약합니다.

- hundreds and hundreds ▪ /ˈhʌndrədzn//ˈhʌndrədz/

▶ /ˈhʌndrədz/의 dr의 d는 구개음화된 '즈'로 발음되고, dz의 d는 탈락됩니다. 같은 치경음이어서 혀 놀림이 부자연스러워 구개음화되거나 탈락되기 때문입니다.

▶ 유성음 뒤의 s는 유성음 z로 바뀌어 발음됩니다. /zn/은 'ㅅ'이 섞인 발음입니다.

■ need prompt and thorough attention ▪ '신속하고 완전한'

/ˈniːř/ˌprɑːmpřn//ˌθɚroˈtɛnʃən/

▶ /ˌprɑːm(p)t/의 p는 입 안에서 순간적으로 발음되어 흔적만 남깁니다. 빠른 대화에서는 흔히 탈락시키기도 합니다.

 뒤에 소리와 같이 앞단어 끝소리가 바뀌는 경우입니다.

Phrase	Pronunciation
Good night!	/ˈgʊnˌnaɪt/ 군나잇
Good bye!	/ˈgʊbˌbaɪ/ 굽바이
bad guy	/ˈbægˌgaɪ/ 백가이
grandma	/ˈgræˌmɑː/ 그래마
You taught me that	/juːˈtɑːmɪˌðæt/ 유타미[th]뎃
Give me a chance.	/ˈgɪmˌmijə//ˈtʃæns/ 김미여챈스
Meet me there.	/ˈmiːmˌmi//ˈðeɚ/ 밈미데어[r]
Have fun!	/ˈhæˈfʌn/ 해[f]펀
Do it right now.	/ˈduːwət//ˌraɪnˌnaʊ/ 두엇라인나우
ice cream and cake	/ˌaɪsˈkriːmən//ˈkeɪk/ 아이스크리먼 케익
earn a good income as a consultant	/ˈɪnˌkʌm/ → /ˈɪŋˌkʌm/ 잉컴
pan cake	/ˈpæn//ˈkeɪk/→/ˌpæŋˈkeɪk/ 팽케익

2-4) 유성음/무성음 동화

가) 복수화 접미사 s의 유 무성음 동화

- 복수화 접미사 s는 모단어의 끝 음이 무성음이면 무성음 /s/로, 유성음이면 유성음 로 발음됩니다.

Word	Pronunciation
friends	/ˈfrɛndz/
books	/ˈbʊks/
basic	/ˈbeɪsɪk/→/ˈbezɪk/

앞에 있는 발음에 의해서 s 소리가 바뀌는 경우이죠. 앞소리가 유성음이면 즈로 무성음이면 스로 발음됩니다.

▶ /z/와 /s/는 유 무성음의 차이만 있는 같은 음운의 음입니다. /s/를 목청이 울리도록 발음하면 /z/가 됩니다.

- as/ˈæz, əz/ is/ˈɪz, əz/, was/ˈwəz/와 같은 일반 단어에서도 유성음 다음의 s 역시 /z/로 발음됩니다. 반면에 close /ˈkloʊz/v /ˈkloʊs/adj와, this/ˈðɪs, ðəs/와 these/ˈði:z/의 짝에서 보듯이 단어를 구분하기 위하여 s를 /z/와 /s/로 달리 발음합니다.

나) 과거화 접미사 -ed의 유 무성음 동화

- 과거화 접미사 -ed는 모단어의 끝 음의 음운에 따라 다음과 같이 발음됩니다.

규칙	예	발음
d, t 다음의 ed	aided	/ˈeɪnd/ **에이디드**
d, t 다음의 ed	deleted	/dɪˈli:nd/ **딜리티드**
유성음 다음의 ed	lived	/ˈlɪvd/ **리브드**
무성음 다음의 ed	dressed	/ˈdrɛst/ **드레스트**

유성음과 무성음

유성음	z d b v ð g ʒ ʤ l/r, m/n, 모음
무성음	s t p f θ k ʃ ʧ h

- 유성음은 목청이 울리고 끝이 잘리는 소리이고, 무성음은 목청은 안 울리고 바람이 입 밖으로 나오면서 내는 소리입니다.

- 표의 마지막 난을 제외한 아래/위 두 쌍의 음은 같은 음운으로 단지 유/무성음의 차이만 있습니다. 무성음을 목청이 울리도록 발음하면 유성음이 됩니다.

연습) 복수화 접미사 s

Word	Pronunciation
hands	/ˈhænz/ 핸즈
windows	/ˈwɪndoʊz/ 윈도우즈
books	/ˈbʊks/ 북스
plants	/ˈplænts/ 플랜스

연습) 과거화 접미사 ed

Word	Original Pronunciation	New Pronunciation
decided	/dɪˈsaɪdəd/	/dɪˈsaɪɾəd/ 디사이리드
wanted	/ˈwɑːntəd/	/ˈwɑːnəd/ 워너드

 -ed 발음은 앞 소리가 유성음이면 유성음인 드로 발음 되고, 무성음이면 무성음인 트로 발음됩니다. 그런데 t 나 d 가 제일 끝 글자이면 티드로 발음되죠.

Word	Pronunciation
bobbed	/ˈbɑːb(ə)d/ 밥드
named	/ˈneɪmd/ 네임드
ragged	/ˈrægəd/ 래기드
rained	/ˈreɪnd/ 레인드
snarled	/ˈsnɑrəld/ 스날드
brushed	/ˈbrʌʃt/ 브러시트
marched	/ˈmɑɚtʃt/ 마[r]치트
escaped	/ɪˈskeɪpt/ 이스케잎트
kissed	/ˈkɪst/ 키스트
laughed	/ˈlæft, Brit ˈlɑːft/ 랲트
liked	/ˈlaɪkt/ 라잌트

2-5) 구개음화

- 구개음화란 혀 놀림을 순하게 하려 ㄷ, ㄸ을 ㅈ ㅊ으로 바꿔 발음하는 현상입니다. '땀받이'가 '땀바지'로 바뀌어 발음되는 것과 같습니다.

1) d나 t와 혀를 굴리는 r이나 l이 연음되면 구개음화됩니다.

Word	Pronunciation
dream	/ˈdriːm/ **주림**
tree	/ˈtriː/ **츄리**
soldier	/ˈsoʊldʒɚ/ **소울주어**[r]

2) duty/ˈduːti, Brit ˈdjuːti/와 tulip/ˈtuːləp, Brit ˈtjuːləp/에서와 같이 du와 tu의 u를 미국은 'ㅜ'로, 영국은 'ㅠ'로 발음합니다. du와 tu의 u가 'ㅠ'로 발음될 때에는 d와 t가 구개음화됩니다.

2-6) 단타음화

- 미국 발음은 유성음 사이의 무성음 t를 같은 계통의 음운인 유성음 d로, 이 d는 ㄹ이 섞인 d로 더 부드럽게 발음합니다. 조합된 자음의 음운에 따라 d에 더 가깝거나, r에 더 가깝습니다. /ř/ 또는 /D/로 표시합니다.

미국 영어에서 [t]가 [d]가 모음 사이에 위치할 때, 마치 [r] 소리와 유사하게 변하는 것을 의미합니다. 이를 플래핑(flapping)이라고도 부릅니다.

Word	Pronunciation 1	Pronunciation 2	Pronunciation 3
atom	/ˈætəm/ **애텀**	/ˈærəm/ **애럼**	/ˈæřm/ **애름**
Adam	/ˈædəm/ **애덤**	/ˈærəm/ **애럼**	/ˈæřm/ **애름**

▶ 단타음, 설탄음, flap sound라고도 합니다. 영국발음에는 이러한 특성이 없습니다. 모음은 유성음입니다.

- 강세가 붙은 d/t는 단타음이 되지 않습니다.

Word	Pronunciation
atomic	/əˈtɑːmɪk/ 어**타**믹
cartoon	/kɑɚˈtuːn/ 카[r]**툰**

- 다음 유형의 단어에서는 약음 t가 설탄음으로 발음되지 않습니다.

Word	Pronunciation
motto	/ˈmɑːtoʊ/ **마**토우
veto	/ˈviːtoʊ/ **비**토우
tactical	/ˈtæktɪkəl/ **태**티컬

- 약세 nt의 t는 유성음화 되거나 단타음화 된다고도 할 수 있습니다. 빠른 대화에서는 소실됩니다.

Word	Original Pronunciation	Changed Pronunciation
gentleman	/ˈʤɛntl̩ˌmən/ **젠**틀먼	/ˈʤɛnl̩ˌmən/ **제**늘먼
mental attitude	/ˈmɛntl̩//ˈætəˌtuːř, Brit ˈætəˌtjuːř/ **맨**틀 **애**터투르	/ˈmɛnl̩//ˈæřəˌtuːř/ **매**늘 **애**러튜르

연습)

Phrase	Pronunciation
Her attitude annoyed me.	/ˈætəˌtuːd/→/ˈæřəˌtuːd/ /əˈnɔɪ/ **애**러투드, 어**노**이
Button your lip.	/ˈbʌřn/ **버**른
not anymore	/nɑːtˈɛniˈmoɚ/→/nɑːřɛniˈmoɚ/ 나**레**니 **모**어[r]
not at all	/ˈnɑːtətˈɑːl/→/ˈnɑːřəˌřɑːl/ 나러**랄**
not again	/ˈnɑːtəˈgɛn/→/ˈnɑːřəˌgɛn/ 나러**갠**
take it easy	/ˈteɪk//ɪt, ət//ˈiːzi/→/ˈteɪkəˈřiːzi/ **테**이커리지

Phrase	Pronunciation
caught in the trap	/ˌkaːřənð//ˈtræp/ 커런[th]더 츄랩
Is that all?	/əzˌðæˈřaːl/ 어즈대럴
At ease!	/əˈřiːz/ 어리즈
bread and butter	/ˌbrɛřnˈbʌřə/ 브레른버러
Daddy's home.	/ˈdæři/ 대리
Get up early!	/ˌgɛˈrʌp/ 게럽
good afternoon	/ˈgʊd//ˌæftəˈnuːn/ →/ːgʊˌřæftəˈnuːn/ 구래[f]프터넌
Good evening!	/ˌgʊˈřiːvnɪŋ/ 구리브닝
got to go home	/ˌgɑːřəˈgoʊ/ 가러고우
It was my fault.	/ˈřʊˌwəz/ 이루어즈
She's mad at me.	/ˌmæřmˈmɪ/ 매럼미
So do I.	/ˈsoʊ//ˈduː//ˌaɪ/→/ˌsoʊřuːˈaɪ/ 소루아이
Get out of here.	/ˈgɛt//ˈaʊt//ˈə//ˈhiə/→/ˌgɛřˈaʊřəˈhiə/ 게라우러히어[r]
Write it down.	/ˈraɪt//ət//ˈdaʊn/→/ˈraɪřət//ˌdaʊn/ 라이럿 다운
turned it off	/ˈtəːnd//ˈət//ˈɑːf/→/ˈtəːnəˈřɑːf/ 터[r]너러프[f]
right away	/ˈraɪt//əˈweɪ/→/ˈraɪřəˌweɪ/ 라이루에이
ate his food	/ˈeɪt//ˈhɪz, ɪz//ˈfuːd/→/ˈeɪřɪz//ˈfuːd/ 에이리즈 [f]푸드

탈락/축약/도치/첨가

- 혀 놀림을 부딪치지 않게 하고, 입 놀림을 가볍고 짧게 하기 위한 축약/탈락/도치/첨

가가 일어납니다.

3-1) 약모음 탈락

3-2) 자음의 축약/탈락

3-3) 자음 ð h v w r l의 탈락

3-4) 중복 음절 탈락

3-5) 자모 도치

3-6) 첨가

3-1) 약모음 탈락

강음절 다음의 중간 음절의 약모음 /ə/는 대체로 탈락됩니다. 모음을 잃은 자음인 성절 자음은 'ㅡ'를 붙여 약하게 발음합니다.

 모음이 없어지는 현상을 설명하는 부분입니다. 모음이 없어지면 바로 앞 자음에 으를 붙인다고 보시면 됩니다. 캐머러가 캐므러로 바뀌는 것이죠

'ㅡ'</ə/</i/의 발음 길이를 갖습니다.

Word	Phonetic Transcription
camera	ˈkæmrə 캐므러
investigate	ɪnˈvɛstəˌgeɪt 인베스트게잇

2) f, v 등의 마찰음과 동반되는 약모음 /ə/는 대체로 탈락됩니다.

Word	Pronunciation
phenomenon	/fɪˈnɑːməˌnɑːn/→/fˈnɑːməˌnɑːn/ [f]프나머난
photography	/fəˈtɑːgrəfi/(/fˈtɑːgrəfi/hwsy) [f]프타그러[f]피
velocity	/vəˈlɑːsəti/→/vˈlɑːsəti/ 블라서티

3) 부드러운 음운의 음절의 약모음은 대체로 탈락됩니다.

Word	Pronunciation
mason	/ˈmeɪsn/ 메이슨
horizon	/həˈraɪzn/ 허라이즌
thousand	/ˈθaʊzənd/→/ˈθaʊzn/ [th]싸우즌
suppose	/səˈpoʊz/ /səˈpoʊz, oftenest after "I" sˈpoʊz/ 스포우즈
total	/ˈtoʊřl̩/ 토우를
transit	/ˈtrænsət/→/ˈtrænzət/ 츄랜짓

4) 첫 음 약모음도 흔히 탈락됩니다.

Word/Phrase	Original Pronunciation	Alternative Pronunciation
around		'round 라운드
about		'bout 바웃
memory	/ˈmɛməri/	\ˈmɛmri, ˈmɛmə-\ 메므리, 메머
general	/ˈʤɛnrəl/	\ˈʤɛnrəl, ˈʤɛnə-\ 제느럴, 제너
family	/ˈfæmli/	\ˈfæmli, ˈfæmə-\ [f]패믈리, 패머
first of all	/ˈfɚst//əv//ˈɑːl/	/ˌfɚstˈvɑːl/ [f]패스트벌
an history site	/ən//ˈhɪstəri//ˈsaɪt/	/(ə)nˌhɪstriˈsaɪt/ 은히스트리사잇
really belonged in	/ˈriːjəli//brˈlɑːŋd//ˈɪn/	/ˌriːjəli/brˈlɑːŋˌdɪn/ 리열리 비랑딘
could pass the test	/kədˈpæsðə//ˈtɛst/	/kdˌpæsˈtɛst/ 클 패스테스트
several	/ˈsɛvərəl/	/ˈsɛvrəl/ 세브럴

▶ 1) howjsay.com 등의 사전 등을 통해 음성발음을 확인하십시오.

3-2) 자음의 축약/탈락

가) 동일/유사 자음 연음

- 조음점이 같거나 유사한 자음이 연음되면

1) with thanks▪ /ˈwɪθ//ˈθæŋks/→/ˌwɪˈθæŋks/에서와 같이 혀를 연달아 같은 조음점에 부딪치게 함으로써 혀가 꼬이게 되면 한 자음을 완전히 탈락시켜 발음하든가,

2) I guess so.▪ /ˌaɪˈgɛˌsoʊ/에서와 같이 한 음은 숨을 잠시 끊음으로써 발음을 대신하고 남은 음을 발음합니다. 숨을 잠시 끊어 음이 있었음을 나타내면 단어가 좀 더 확연히 구분됩니다.

- 이러한 축약/탈락은 주로 이齒와 관련된 음운인 치음, 치경음, 경구개 치경음, 연구개 치경음들이 서로 연음될 때 주로 발생합니다. 원칙적으로 발음하다가 이와 관련된 자음이 연음되어 있는데 발음하기가 어색해진다면 한 음을 탈락시키면 됩니다. 주로 뒤 음이 탈락됩니다.

- p b m의 양순음 사이에서, 그리고 g k ŋ의 연구개음 사이에서도 축약 탈락이 일어납니다.

- captain Lee/ˈkæptn//ˈliː/ 에서와 같이 받침으로 연음될 때에는 축약/탈락이 일어나지 않습니다.

문장	발음
as soon as possible	/əzˈsuːnəz/ → /əˈsuːnəz/ 어**순**어즈
Did she content?	/ˈdɪd//ˈʃiː/ → /ˈdɪʃiː/ **디**쉬
a part time job	/ˈpɑɚt//ˈtaɪm/ → /ˈpɑɚˌtaɪm/ **파[r]**타임
with salt and pepper	/ˈwɪθ//ˈsɑːlt//ən/ → /wɪˌsɑːltn/ 위**쌀**튼 페퍼[r]
sudden	/ˈsʌdn/ **써**든

Phrase	Original Pronunciation	Modified Pronunciation
outlet sales	/ˈaʊtˌlɛt/	/ˈaʊlˌlɛt/ **아울**렛
I can't do it.	/ˌaɪˈkænt//ˈduːət/	/ˌaɪˈkænˌduːət/ 아이**캔** 두엇

▶ not과 같이 부정하는 단어는 강조하기 위해 강세로 발음합니다. '할 수 있다'고 긍정한다면 /ˌaɪknˈduːət/으로 발음합니다.

▶ t/d/n은 다 같은 치경음이어서 위 입 몸을 계속 두들겨 발음하여야 합니다. 결과로 혀 놀림이 딱딱해져 발음을 끊는 것으로 대신하여 탈락시킵니다.

Phrase	Phonetic Transcription
need them together	/ˈniːdðəm/ → /ˈniːðəm/ 니[th]뎀
understand it	/ˌʌndɚˈstændət/ → /ˌʌnɚˈstænət/ 어너[r]스태넛
I have been there.	/ˈaɪvˈbiːnˈðeɚ/ → /ˈaɪbiːn//ˈðeɚ/ 아이빈 데어[r]
bombing	/ˈbɑːmɪŋ/ 바밍

나) 세 연속 자음 연음

- months/ˈmʌnθs/는 /ˈmʌns/로 발음합니다. 세 자음이 연음되면 가운데 자음을 탈락시키든가, 순간적으로 숨을 끊음으로써 발음을 대신하는 방법으로 탈락시켜 발음하기 때문입니다. n, d, ð 세 자음의 조음점이 같거나 유사합니다.

단어	발음	변경 후 발음
I asked him	/ˈaɪˈæsktɪm/	/aɪˈæsˌtɪm/ 아이에스팀
exactly	/ɪɡˈzæktli/	/ɪɡˈzækli/ 이그잭클리
rebound the ball	/ˈriːˌbaʊndðə//ˈbɑːl/	/ˌriːˈbaʊnðə//ˈbɑːl/ 리바운[th]더 볼

- 초성 세 자음에서는 생략되지 않습니다.

Word	Pronunciation
straight jacket	/ˈstreɪt/ 스트레잇
scroll	/ˈskroʊl/ 스크로울
splinter	/ˈsplɪntɚ/ 스플린터

음운 분류

양순음 순치음 치음 치경음 경구개 치경음 연 구개음 성문음

폐쇄음 p, b t, d k, g

마/파찰음 f, v θ, ð s, z ʃ, ʒ ʧ, ʤ h

비음 m n ŋ

유음 l, r

전이음 w (r) y(/j/) (w)

기호	설명
양순	양 입술
치	이
순치	입술과 이
치경	잇몸
경구개	잇몸 위 딱딱한 입천정
연구개	입 천정
폐쇄음	숨이 멈춰지는 음
비음	코 소리
유음	흐르는 소리
이齒에 연관된 음이 연음될 때	탈락/축약 작용 파란색
비음 n이 양순음이나 경구개치경음과 연음되면	그 음운의 비음으로 동화 초록색
전이음 w와 y는 자음으로 발음될 때	w는 'ㅜ'를 발음할 때의 입 모양으로 발음을 시작하고, y는 'ㅣ'를 앞에 덧붙여 발음

Phrase	Pronunciation	Revised Pronunciation
They couldn't get it.	/ˈðeɪ//ˈkʊdnt//ˈgɛt//ət/	/ˌðeɪˈkʊn//ˈgeɪ̆ət/ 데이쿠른게럿
encountered her	/ɪnˈkaʊntəd//ˈhə/	/ɪnˈkaʊnəˌdə/ 인카우너더
I don't think so.	/ˈaɪˈdoʊnt ˈθɪŋkˈsoʊ/	/ˌaɪˈdoʊn//ˌθɪŋkˈsoʊ/ 아이도운[th]씽ㅋ소우
Shouldn't stop	/ˈʃʊdnt//ˈstɑːp/	/ˌʃʊ̆nˈstɑːp/ 슈른스탑

Phrase	Pronunciation	Revised Pronunciation
rebounded wall	/ˈriːˌbaʊndəd//ˈwɑːl/	/riːˈbaʊnəř//ˈwɑːl/ 리바우너와알
nineteen twenty	/naɪnˌtiːn//ˈtwɛni/	
editorial article	/ˌɛdəˈtorijəl//ˈɑɚtɪkəl/	/ˌɛdˈtorijəl//ˈɑrkəl/ 엘토이열 아[r]클
a garden party	/əˈgɑɚdn//ˈpɑɚti/	/əˌgɑrn//ˈpɑri/ 어가런 파리
kind hearted	/ˈkaɪnd//ˈhɑɚtəd/	/ˌkaɪˈnɑːtəd/ 카이나어[r]티드
Every life's mortal.	/ˈɛvri//ˈlaɪfz//ˈmoɚtl̩/	/ˌɛvriˈlaɪfz//ˈmorl̩/ 에브리라잎[f]즈 모럴
a quarter to six	/əˈkwoɚtɚ//tə//ˈsɪks/	/əˌkworətˈsɪks/ 어쿠아러트 식스
reported quarterly	/rɪˈpoɚtd//ˈkwoɚtɚli/	/rɪˌpondˈkworəli/ 리포리드 쿠아럴리
rewarded accordingly	/rɪˈwoɚdəd//əˈkoɚdɪŋli/	/rɪˌworədˈkorŋli/ 리워리드 코링리
twenty to forty	/ˈtwɛnti//tə//ˈfoɚti/	/ˌtwɛnitˈfori/ 트웨니트포리
use big words	/ˈjuːz//ˈbɪg//ˈwɚdz/	/ˌjuːzˈbɪgˌwɚz/ 유즈빅워[[r]즈
coordinated with	/koʊˈoɚdəˌneɪtədˈwɪð/	/koʊˈorəˌneřəd//ˌwɪð/ 코우아러네이리드 위드[th]
pounding heartbeat	/ˈpaʊndɪŋ//ˈhɑɚtˌbiːt/	/ˌpaʊnɪŋ//ˈhɑɚ//ˈbiːt/ 파우닝 하어[r] 빗
difficult exam	/ˈdɪfɪkəlt//ɪgˈzæm/	/ˈdɪfkəl//ɪgˈzæm/ 디[f]피컬 익잼
felt bitter sense	/ˈfɛlt//ˈbɪtɚ//ˈsɛns/	/ˈfɛəl//ˌbɪřəˈsɛns/ [f]에얼 비러센스
I should have known.	/ˌaɪ//ʃəd//əv//ˈnoʊn/	/aɪˌʃřəvˈnoʊn/ 아이슈러브노운
told him the truth	/ˈtoʊld//ˈhɪm//ðə//ˈtruːθ/	/ˌtoʊˌlɪmðˈtruːθ/ 토울림[th]드트룻[th]
blinking red light	/ˈblɪŋkɪŋ//ˈrɛd//ˈlaɪt/	/ˈblɪŋkɪŋ//ˌrɛˈlaɪt/ 블링킹 레라잇
empty bucket	/ˈɛmpti/	/ˈɛmpti/ 엠프티

▶ 양순음 m과 p가 연음되면 p는 발음흔적을 남김니다.

Phrase	Phonetic Change
two car lengths	/ˈlɛŋθs/→/ˈlɛŋks/ 렝크스
a gen'le touch	/əˈʤɛntl̩/→/əˈʤɛnl̩/ 어제늘
a postman's round	/ˈpoʊstmənz/→/ˈpoʊsmənz/ 포우ㅅ먼즈
sof'ly but firmly	/ˈsɑːftli/→/ˈsɑːfli/ 싸플리
twelfths birthday	/ˈtwɛlfθs/→/ˈtwɛlfs/ 트웰프스
sixths grade	/ˈsɪksθs/→/ˈsɪkss/→/ˈsɪks/ 씩스

▶ 세 연속자음은 대체로 가운데 자음을 탈락시켜 발음합니다. 같은 자음이 연속되면 한 음은 더 이상 발음하지 않습니다.

Phrase	Original Pronunciation	Modified Pronunciation
Exactly!	/ɪgˈzæktli/	/ɪgˈzækli/ 이그젝틀리
often take a walk	/ˈɑːfən/	
a soft voice	/əˌsɑːftˈvɔɪs/	/əˌsɑːfˈvɔɪs/ 어싸프보이스
thanked him deeply	/ˈθæŋkthɪm/	/ˈθæŋktɪm/ [th]땡크팀
bustling with people	/ˈbʌslɪŋ/	
a castles along the lake	/ˈkæsəlz/	
hustled children to school	/ˈhʌsld/	
whistled to catch attention	/ˈwɪsld/	
wrestled with her habit	/ˈrɛsld/	
rebound the ball	/ˌriːˈbaʊnðəˈbɑːl/	
bright light shot down	/ˌbraɪtˈlaɪt//ˈʃɑːtˈdaʊn/	/ˌbraɪˈlaɪt//ˈʃɑːˈdaʊn/ 브라이라읻 샤다운
loneliness	/ˈloʊnlinəs/	/ˈloʊninəs/ 로우니너스
went away	/wɛnt//əˈweɪ/	/ˌwɛnʊˈweɪ/ 웨누웨이
at six	/æt//ˈsɪks/	/æˈsɪks/ 애식스
I don't understand	/ˌaɪˈdoʊnˌʌnɚˈstænd/	
attended	/əˈtɛnəd/ 어태너드	
pointed	/ˈpɔɪnəd/ 포인너드	

Phrase	Original Pronunciation	Modified Pronunciation
presented	/prɪˈzɛnəd/ 프리**제**너드	
except for	/ɪkˈsɛpfɚ/ 익**셉**[f]퍼[r]	
hopeful	/ˈhoʊfəl/ **호**우[f]펄	
outrage	/ˈaʊˌreɪdʒ/ **아**우레이지	

3-3) 자음 ð h v w r l의 탈락

- 발음의 경제성에 의해 쉽고 빠르게 발음하려는 성향으로 사용빈도가 높은 단어의 약음의 자음 ð h v w r l는 흔히 탈락됩니다.

Phrase	IPA	Pronunciation
get out of here	/ˈgɛt//ˈaʊt//ˈʌv, əv, Brit ˈɒv, əv, ə//ˈhiɚ/	/ˌgɛˈřaʊřə//ˈhiɚ/ 게**라**우러 **히**어[r]
particular	/pɚˈtɪkjələ/	/pɚˈtɪkjələ/ 퍼**티**컬러

▶ 약음 r은 파열음 앞에서는 대체로 탈락됩니다.

Word	Pronunciation
salmon	/ˈsæmən/ **쌔**먼

▶ 종성 l은 대체로 탈락됩니다. 특히 영국발음에서는 대부분 탈락됩니다.

Phrase	Phonetic	Combined Phonetic
keep them out	/ˈki:p//ˈðɛm, ðəm//ˈaʊt/	/ˌki:pəˈmaʊt/ **키**퍼마우트
give him a chance	/ˈgɪv//ˈhɪm//ə/	/ˈgvɪmə//ˈtʃæns/ 그**빔**머 **챈**스

▶ 가볍게 나는 소리는 대체로 탈락됩니다

Phrase	Pronunciation
coffee with milk	/ˈmɪlk/ → /ˈmɪəlk/ → /ˈmɪjk/ **미**여크

 ㄴ 이 소리가 안 나는 경우는 의외로 많습니다. would, should, could, Lincoln, calf, walk, talk 등이 있죠.

▶ 종성 l은 잘 탈락됩니다. 특히 남부발음에서 뚜렷합니다.
▶ r이나 l은 발음을 길게 늘이는 성질이 있어 길게 발음하다 보면 매우 짧고 미약한 /ə/가 끝머리에 붙게 됩니다. 특히 강음 /ɪ/, /ɛ/, /æ/가 그렇습니다. 이를 전설모음이라 합니다.

Word/Phrase	Phonetic Transcription
enjoyed golf	/ˈgɑːlf/→/ˈgɑːf/ 가프
I would love it.	/ˈaɪ//ˈwʊd, wəd, əd//ˈlʌv//ˈɪt, ət/ → /ˈaɪd//ˈlʌvət/ 아이드 러벗
toward	/ˈtowɚd, ˈtoɚd/ 토어[r]드

연습) ð 탈락

Phrase	Original Pronunciation	Transformed Pronunciation
Let them go.	/ˈlɛt//ˈðɛm, ðəm//ˈgoʊ/	/ˈlɛtəm//ˈgoʊ/→/ˌlɛɾəmˈgoʊ/ 레럼 고우
made them scared	/ˈmeɪdðəm//ˈskeɚd/	/ˌmeɪɾəm//ˈskeɚd/ 메이럼 스케어[r]드
meet them there	/ˈmiːt//ðəm//ˈðeɚ/	/ˈmiːɾəmˌðeɚ/ 미럼 데어[r]
put them together	/ˈpʊtðəm/	/ˈpʊtəm/→/ˈpʊɾəm/ 푸럼
told 'em (told them)	/ˈtoʊldðəm/	/ˈtoʊləm/ 토울럼
lesser 'an (lesser than)	/ˈlɛsɚðən/	/ˈlɛsən/ 레썬
lower then ever	/ˈloʊɚ//ˈðɛn//ˈɛvɚ/	
finish 'is (finish this)	/ˈfɪnɪʃ//ˈðɪs, ðəs/	/ˈfɪnɪʃɪz/ 피니시즈
said to him	/ˈsɛd//tə//ˈhɪm/	/ˈsɛˌɾɪm/ 세럼
Has he gone?	/əzˈhiˈgɑːn/	/əˌzɪˈgɑːn/ 어지간
Give her a chance.	/ˈgɪvɚ·əˈtʃæns/	/ˌgɪvɹəˈtʃæns/ 깁러챈스
honey in tea	/ˈhʌnienˈtiː/	/ˌʌnjənˈtiː/ 어년티

Phrase	Original Pronunciation	Transformed Pronunciation
an honest face	/ənˈɑːnəstˌfeɪs/	/əˈnɑːnəstˌfeɪs/ → /əˈnɑːnəstˌfeɪs/ 어**나**너스트 [f]페이스
Get him in.	/ˌgɛtɪmˈɪn/	/ˌgɛɾɪmˈɪn/ 게리**민**
Look at him.	/ˈlʊkətˈhɪm/	/ˈlʊkəˌtɪm/ 루커**팀**
San jose	/ˌsænəˈzeɪ/ 쌔너재이	

연습) v 탈락

Phrase	Original Pronunciation	Modified Pronunciation
I have been there	/aɪ//əv//ˈbɪn//ˈðeɚ/	/ˌaɪəbɪnˈðeɚ/ → /ˌabɪnˈðeɚ/ 아여빈[th]데어[r] 아빈[th]데어[r]
might have been	/ˈmaɪtəvˈbɪn/	/ˈmaɪɾˌbɪn/ 마이ㄹ**빈**
a piece of cake	/əˈpiːsəvˈkeɪk/	/ˈpiːsəˈkeɪk/ 피써**케이**ㅋ
a kind of bastard	/əˈkaɪndəvˈbæstɚd/	/əˌkaɪnəˈbæstɚd/ 어카이너**배**스터[r]드
should have done it	/ˈʃʊdəvˈdʌnət/	/ˈʃʊɾəˈdʌnt/ → /ˈʃʊɾˈdʌnət/ 수르**더**넛
entirely	/ɪnˈtajɚli/	/ɪnˈtali/ 인**탈**리
government	/ˈgʌvəmənt/	/ˈgʌvmənt/ 가버**먼**트
a special surprise for you	/sɚˈpraɪz/	/səˈpraɪz/ 써프**라이**즈
freckle	/ˈfrɛkəl/	/ˈfɛkəl/ 페**클**
iron	/ˈajɚn/	
traverse	/trəˈvɚs/	/trəˈvəs/ 츄러**버**스

연습) l 탈락

Phrase	Pronunciation
a book bound in calf	/ˈkæf, Brit ˈkɑːf/ 캐프[f], 카프[f]
a retired colonel	/ˈkɚnl̩/ 커[r]늘
a round of golf	/ˈgɑːlf/\ˈgɑːlf, ˈgolf, ˈgɑːf, ˈgof, ˈgəlf\ 가프
broke cookie into halves	/ˈhævz, Brit ˈhɑvz/ 해브ㅈ

Phrase	Pronunciation
salmon pink	/ˈsæmən/ 쌔먼
attempted to attack him	/əˈtɛmptəd/→/əˈtɛmptəd/ 어템프터드

▶ 무성음이 뒤따를 때만 p 삽입

Text	Pronunciation
climbed the stairs up	/ˈklaɪmd/
have red comb	/ˈkoʊm/
I'm not dumb enough to believe that.	/ˈdʌm/

3-4) 중복음절의 탈락

- 발음이 비슷한 음절이 연이어지면 한 음절로 축약됩니다.

Phrase	Phonetic Transcription
pretty soon	/ˈprɪtiˈsuːn/ → /ˈprɪřiˈsuːn/ → /ˌprɪˈsuːn/ 프리순
Where are you?	/ˈweɚ//ɚ//ˈjuː/ → /ˌweɚˈjuː/ 웨어[r]유
Why are you laughing?	/ˈwaɪ//ɚ//jə//ˈlæfɪŋ/ → /ˈwaɪɚ-jə/ˈlæfɪŋ/ → /ˈwaɪjɚ/ˈlæfɪŋ/ 와이여[r] 래핑

연습)

Phrase	Pronunciation
He will probably be here in soon.	/ˈprɑːbəbli/ (← /ˈprɑːbəbəli/) → /ˈprɑːbli/ 프라블리
papa and mama	/ˈpɑːpəənˈmɑːmə/ → /ˌpɑːnˈmɑ/ 파은마
rather than	/ˈræðɚðən/ → /ˈræðən/ 래[th]던[r]
a general affair	/ˈdʒɛnərəl//əˈfeɚ/ → /ˈdʒɛnrəlˈfeɚ/ 제너럴피어[r]
Maryland	/ˈmerələnd/ → /ˈmerlənd/ → /ˈmelənd/ 멜런드
parallel train tracks	/ˈperəˌlɛl/ → /ˈperˌlɛl/ → /ˈpeˌlɛl/ 팰렐
primarily for youngsters	/praɪˈmerəli/ → /praɪˈmerli/ → /praɪˈmeli/ 프라이멜리

3-5) 자모도치

- 혀 놀림이 부드럽도록 자모를 도치시키기도 합니다

Word/Phrase	Pronunciation
aren't	/ˈɑɚnt, ˈɑrənt/ **아[r]은트, 아른트**
chosen from	/ˈtʃoʊznfrəm/ → /ˈtʃoʊznfɚm/ **초우즌[f]팜[r]**
conference room	/ˈkɑːnfərəns/ → /ˈkɑːnfrəns/ → /ˈkɑːnfɚns/ **칸[f]펀[r]스**
introduce a needle into a vein	/ˌɪntrəˈduːs/ → /ˌɪntərˈduːs/ **인터르두스**
Secretary	/ˈsɛkrəˌteri, ˈsɛkəˌteri, ˈsɛkˌteri, Bri ˈsɛk(r)ətri/ **세커트리**
a public library	/ˈlaɪˌbreri, –brəri, –bri, –ˌberi/ **라이베리**
come from	/ˈfrʌm, ˈfrɑːm, frəm/ → /ˈfɚm/ **펌[r]**

3-6) 첨가

비음 m/n/ŋ의 무성음 동화에 의한 p/t/k 첨가

- 유성음인 콧소리 m, n과 ŋ에 무성음이 뒤 따르면 같은 음운의 무성 폐쇄음 p, t와 k가 각각 입 속으로 미약하게 첨가되어 발음됩니다. 유성음 발성기관을 무성 발성기관으로 쉽게 바꿀 수 있게 합니다.

Word	Original Pronunciation	New Pronunciation
something	/ˈsʌmˌθɪŋ/	/ˈsʌmpˌθɪŋ/ **썸프[th]씽**

▶ 치경음 s 또는 치음 θ가 뒤따르는 양순음 m 뒤에는 같은 양순음 계통의 p가 첨가되어 발음됩니다.

- 음운분류표를 참조

▶ glimpse/ˈglɪmps/, assumption/əˈsʌmpʃən/과 같은 맥락입니다.

Word	IPA	New IPA
prince	/ˈprɪns/	/ˈprɪnts/ **프린트스**
tense	/ˈtɛns/	/ˈtɛnts/ **텐트스**

▶ 치경음 s가 뒤따르는 치경음 n 뒤에는 같은 치경음 계통의 t가 첨가되어 발음됩니다.

Word	IPA	Modified IPA
length	/ˈlɛŋθ/	/ˈlɛŋkθ/ 렝ㅋ[th]스
youngster	/ˈjʌŋstɚ/	/ˈjʌŋkstɚ/ 영ㅋ스터[r]

▶ 치경음 s 또는 치음 θ가 뒤따르는 연구개음 /ŋ/ 뒤에 같은 연구개음 계통의 k가 첨가되어 발음됩니다.

▶ strength/ˈstrɛŋkθ/와 같은 맥락

2) /r/ 첨가 - 발음을 매끄럽게 하려 r을 덧붙이기도 합니다. 주로/ə/가 선행될 때 일어납니다. 지나치면 경박해 보입니다.

Word	Phonetic
area of	/ˈerijə//əv/→/ˈerijərəv/ 애리여러브

3) /ə/ 첨가 - 모음 뒤의 l/r은 모음 발음을 늘이게 합니다. 결과로 매우 약하고 짧은 /ə/를 첨가시켜 발음하게 됩니다.

Question	Phonetic Transcription
coffee or milk?	/ˈkɑːfiɚˈmɪlk/→/ˌkɑːfijəˈmijəlk/ 카[f]피여미열ㅋ

▶ milk가 마치 '미역'처럼 들립니다. 남부발음에서 심합니다.

Phrase	Original Pronunciation	Modified Pronunciation
the Swiss Alps	/ðəˈswɪsˈælps/	/ðəˌswɪsˈejəps/ [th] 더스위스애여프스
You may enter in.	/ˈjuːˈmeɪ//ˈɛntɚˈɪn/	/ˈjuːˌmeɪ//ˌrɛnəˈrɪn/ 유메이 레너린
I saw a wild pig.	/ˈaɪ//ˈsɑː//ə//ˈwajəld//ˈpɪg/	/aɪˈsɑːrə//ˌwajəlˈpɪg/ 아이서러 와열픽
China office	/ˈtʃaɪnə//ˈɑːfəs/	/ˈtʃaɪnəˈrɑːfəs/ 차이너라[f]퍼스
idea of	/aɪˈdiːjə//əv/	/aɪˈdiːjərəv/ 아이디여러브

6장
기타 발음의 특성

기타 발음의 특성

영어 문장을 공부하다 보면 익숙한 단어들이 갑자기 다르게 들릴 때가 있습니다. 예를 들어 "I am happy."라는 문장에서는 am이 거의 들리지 않거나, /əm/처럼 약하게 발음되곤 합니다. 그런데 "Yes, I am."처럼 대답할 때는 am이 /ˈæm/처럼 또렷하게 들리죠. 이런 현상은 우연이 아니라, 영어의 기능어(function word)와 내용어(content word)의 차이 때문입니다.

영어에서는 실제로 '의미를 전달하는 단어'는 ==강하게==, 문장 구조를 위한 '기능어'는 ==약하게== 발음합니다. 이런 규칙은 우리가 흔히 알고 있는 "I", "am", "will", "have" 같은 단어들에도 적용됩니다. 단어 자체보다 ==문장에서 어떤 역할을 하느냐에 따라 발음이 달라지는 것==이지요.

예를 들어 친구가 말도 안 되는 소리를 해서 "You're kidding!"이라고 말할 때, 보통은 you're를 약하게 발음합니다. 그런데 정말 놀랐을 때는, "Yes, YOU ARE!"라고 말하면서 you와 are를 하나하나 강하게, 분리해서 발음하게 됩니다.

같은 단어인데도, 문맥과 의미에 따라 발음이 이렇게 달라질 수 있다는 사실. 이 장에서는 이러한 기능어와 내용어의 ==발음 차이==, 그리고 우리가 쉽게 놓치는 ==강세의 규칙==에 대해 알아보겠습니다. 이런 원리를 알고 나면, 영어 듣기와 말하기가 한층 더 자연스러워질 것입니다.

1. 기능어와 내용어

- 예를 들어 am /ˈæm, əm/과 같이 아래의 품사들에는 강, 약 두 가지 발음이 있습니다.

  - be동사
  - 동사를 보조하는 have, will 따위의 조동사
  - I/my/me 등의 인칭대명사와 that 등의 관계대명사
  - at, them 등의 전치사/접속사/관사

- 이러한 단어들은 그 단어 본래의 뜻으로 의미를 전달할 때에는 강하게 발음하고, 문장 구성형식을 맞추기 위해 끼워넣은 단어일 때에는 약하게 발음합니다.

- 한 음절 단어들로 전자를 내용어라 하고 후자를 기능어라고 합니다.
▶ 언어임으로 기능어 역할임에도 강음으로 발음하는 경우가 흔합니다.

한 음절 단어의 강세

- Merriam-Webster사전은 한 음절 단어라도 강세가 표시되어 있습니다. 반면에 oxforddictionaries.com이나 우리나라 옛날 사전에는 한 음절 단어에 강세표시가 없습니다.

• cake /ˈkeɪk/merriam-webster.com /keɪk/oxforddictionaries.com

- 영어가 모국어인 사람들은 자라면서 듣고 익혀 강세표식이 생략되어도 강음을 가릴 수 있지만, 우리에게는 강세 표시가 없으면 잘못 발음해 뜻 전달에 실패할 수 있습니다.

이 챕터에서 중요한 부분은 흔히 아는 I, am, will 같은 단어들도 경우에 따라 다르게 발음 된다는 것이죠.
이 부분을 완벽하게 이해해서 구사하겠다라고 생각하시기 보다는
전체적인 경향성을 확인하시고, 이렇게도 발음될수 있다는 점을 이해하시면 좋겠습니다.

1-1) be 동사

가)

WORD	PRONUNCIATION
am	/ˈæm, əm/ 엠 또는 엄
me	/ˈmiː/ 미
my	/ˈmaɪ//ˈmaɪ, mə/ 마이 또는 머
myself	/maɪˈsɛlf/ /maɪˈself, mə-, Southern -ˈsef/ 마이**셀**프, 머**셀**프, 마이**세**프
I'd	/aɪd/ 아이드
I'll	/ˈajəl/ **아열**
I'm	/ˈaɪm/ **아임**
I've	/ˈaɪv, əv/ 아이브 또는 어브

- am을 포함한 모든 be 동사들은 생략되어도 뜻의 전달에 지장이 없으면 약음으로 발음되고, 생략된다면 그 뜻을 전달할 수 없을 때에는 강음으로 발음됩니다.

Phrase	IPA 1
Did you really?	/dɪˈdʒu:/ /ˈri:jəli/ 디주 리열리

▶ I와 am을 생략을 생략한 'Thirsty!'라고만 말해 도 뜻이 전달됩니다. 즉 기능어로서의 역할이어서 약하게 /ə/ 와 /əm/ 으로 발음합 니다.

Question	Phonetic	Answer	Phonetic
Aren't You thirsty?	/ˈɑɚnt// ˈju:// ˈθɚsti/ 아언[r]트 유 [th]써[r]스티	Yes, I am.	/ˈjɛs// ˌaɪ/ˈæm/ 예스 아이 엠

▶ '나는 그래'라고 긍정할 때에는 I와 am 중의 하나라도 생략된다면 뜻을 전달할 수 없습니다. 따라서 강음 /ˈaɪ/와 /ˈæm/으로 발음되어야 합니다. 이런 경우를 내용어라 합니다. 각각을 독립적으로 발음합니다.

나)

WORD	PRONUNCIATION
are	/ˈɑɚ, ɚ/ 아[r] 어[r]
were	/ˈwɚ/ 워[r]
you're	/ˈjoɚ, jɚ/ 요어[r], 여[r]
we're	/ˈwiɚ, wɚ/ 위어[r], 우어[r]
they're	/ˈðeɚ, ðɚ/ [th]데어[r], [th]더어[r]

Text	Pronunciation
You are great.	/jɚˈgreɪt/ ← /jɚɚˈgreɪt/ 여어[r]그레잇
Yes, you are.	→/ˈjɛs//ˈju://ˈɑɚ/ 예스 유아[r]

▶ '너 대단했어', '별 것 아니야', '너 정말이야'라고 대화를 나누었다면

   1) 첫 문장의 are는 약한 /ɚ/로 발음합니다.

   2) 그러나 다음 문장의 are는 강하게 독립해서 발음해야 '정말 그렇다'는 뜻을 전달할 수 있습니다.

▶ /jɚˈgreɪt/를 /joɚˈgreɪt/ 또는 /ˈjuːɚ//ˈgreɪt/로도 발음

PHRASE	PRONUNCIATION
What're you doing?	/ˈwɑːt//ɚ//jə//ˈduːwɪŋ/ → /ˈwɑːřəjə//ˈduːwɪŋ/ **와**러여 **두**잉
They're there.	/ˌðeɚˈðeɚ/ 또는 /ðɚˈðeɚ/ [th]더어[r], [th]데어[r]
We are going hiking.	/ˌwijɚˈgowɪŋ/ 또는 /ˌwɚˈgowɪŋ/ **위**여 고윙 또는 **우**어[r] 고윙
They're there.	/ˌðeɚˈðeɚ/ 또는 /ðɚˈðeɚ/ [th]데어[r] [th]데어[r] 또는 [th]더[r] [th]데어[r]

다)

- is/ˈɪs, əs/ 이스, 어스

- was/ˈwəz/ 워즈

PHRASE	PHONETIC TRANSCRIPTION
Two touch's good, one touch's better.	/ˌtuːˈtʌtʃs//ˈgʊd//ˌwʌnˈtʌtʃs//ˈbeřɚ/ 투 **터**치ㅅ **굳** 원 **터**치ㅅ **베**러
Is she out?	/əˌʃiːˈaʊt/ 어쉬**아웃**
Is he there?	/əˌziːˈðeɚ/ 어지[th]**데**어[r]
Of course, it is.	/əvˈkoɚs/ˌɪˈřɪz/ 어브**코**어[r]ㅅ 이리즈
he was	/ˈhiː//ˈwəz/→/ˈhiːʊˌwəz/→/ˈhjʊˌwəz/ **휴** 워즈
there was	/ˈðeɚ//ˈwəz/→/ˈðeɚʊwəz/ [th]**데**어루어즈

1-2) as

- as/ˈæz, əz/

PHRASE	PHONETIC TRANSCRIPTION	CORRECTED TRANSCRIPTION
as soon as possible	/əz//ˈsuːn//əz//ˈpɑːsəbəl/	/əˈsuːnəz//ˈpɑːsəbəl/ 어순어즈 파써블

 As 가 애즈 나 어즈로도 소리납니다.

▶ as는 특정 대상을 지정할 때 이외에는 약음 /əz/로 발음됩니다.

PHRASE	PHONETIC TRANSCRIPTION	REDUCED FORM
take it as a rule	/ˈteɪk//ət//ˈæz//ə//ˈruːl/	/ˈteɪkət//ˌæzəˈruːl/ 테이컷 애저룰

▶ 특정 대상을 지정할 때에는 강음 /ˈæz/로 발음합니다.

PHRASE	PRONUNCIATION	TRANSLITERATION
as sharp as a razor	/əzˈʃɑɚp//əz//ˈreɪzɚ/	/əˈʃɑːpz//ˈreɪzɚ/ 어샵즈 레이저[r]

▶ a razor의 a/ə/는 흔히 탈락됩니다.

▶ 언어이기에 모든 기능어가 흔히 강음으로도 발음됩니다.

PHRASE	PHONETIC TRANSCRIPTION
as if no other world exists	/əˈzɪf//ˌnoʊˌʌðɚˈwɝld//ɪgˈzɪst/ 어짚[f] 노우어[th]더[r]월드 익지스트

1-3) at

- at/ˈæt, ət/

PHRASE	PHONETIC
at any rate	/ət//ˈɛni//ˈreɪt/ → /əˌtɛniˈreɪt/ 어테니레잇

▶ 특정 장소 지정이 아니면 at는 약음으로 발음됩니다. 언어이기에 모든 기능어가 흔히 강음으로도 발음됩니다.

문장	발음	설명
He's at home.	/ˈhiːz, iz//ˈæt, ət//ˈhoʊm/ → /ˈhiːz//ˈæˌtoʊm/ 히즈 애**토**움	특정 장소를 지정할 때에는 강음 /ˈæt/로 발음합니다.
Look at the baby!	/ˈlʊkət//ðəˈbeɪbi/ → /ˈlʊkt//ðˈbeɪbi/ 룩ㅌ [th]ㄷ**베**이비	강음 앞 뒤의 애매모음 //는 흔히 탈락됩니다.

1-4) can/could

- can/kən, ˈkæn//kən, ˈkæn, dialect ˈkɪn/

- can't/ˈkænt, Brit ˈkɑːnt/

- cannot/ˈkænɑt, kəˈnɑːt/

- could/kəd, ˈkʊd/

문장	발음	설명
I can do it.	/ˌaɪknˈduːət/ 아이큰두엇	can을 /kən/ 아닌 /kæn/으로 발음하면 부정문이 됩니다.
I can't do it.	/ˈaɪ//ˈkænt, Brit ˈkɑːnt//ˈduː//ˈɪt,ət/ 아이**캔**ㅌ 영국 아이**칸**ㅌ 두엇	/ˌaɪˈkænˌduːət/이 아닙니다.
I cannot do it.	/ˌaɪkˈnɑt//ˈduːət/ 아이ㅋ**낫** 두엇	not은 강하게 발음하여야 부정이 됩니다.
It could be an incident.	/ɪkřˈbiːjən//ˈɪnsdənt/ 이크르비연 **인**쓰던ㅌ	
I couldn't do it.	/ˌaɪˈkʊdn//ˈduːət/	/ˌaɪˈkʊřn//ˈduːət/ 아이쿠른 두엇

1-5) have

WORD	IPA PRONUNCIATION	ALTERNATIVE PRONUNCIATION
have	/ˈhæv, əv/	/ˈhav, (h)əv, v; in "have to" ˈhaf/ 하브, 어브, 브, 하프
has	/ˈhæz, əz/	/ˈhæz, (h)əz, z/ 해즈, 어즈, 즈
had	/ˈhæd, əd/	/ˈhæd, (h)əd, d/ 해드, 어드, 드

 Have 의 발음도 해브, 어브, has 는 해즈, 어즈, had 의 경우는 해드, 어드 다양하죠.

문장	발음	설명
Have a nice day!	/ˈhævə//ˈnaɪs//ˈdeɪ/ → /ˌhævˈnaɪsˌdeɪ/ 햅 **나**이스데이	'가진다' 뜻이 살아야 함으로 강하게 발음합니다.
I have been in Jejoo.	/ˈaɪəv//ˈbɪn//ənJeju/ → /ˌaɪˈbɪnnˈJeju/ 아이**빈**은제주	'가진다' 뜻이 없어 약하게 발음합니다. 유사 음운의 v와 b가 연음되면 한 음은 탈락됩니다.
I have to go now.	/ˌaɪˈhaftˌgoʊ//ˈnaʊ/ 아이햎ㅌ고우 **나**우	v가 뒤따르는 무성음 t의 영향으로 v와 같은 음운의 무성음 f로 발음됩니다. 역행동화작용이라 합니다. must 의 뜻을 나타낼 때에는 강합니다.
I had had great time.	/ˈaɪdˌhæd//ˈgreɪˈtaɪm/ 아이드**해**드 그레이**타**임	앞의 had는 조동사역할이어서 기능어 발음인 약음으로 발음되고 뒤의 had는 '갖는다'의 뜻이어서 강음으로 발음됩니다.
Have I had any message?	/əˈvaɪ//ˈhæd//ɛniˈmɛsɪʤ/ 어**바**이 **해**드 에니 **메**시지	
We have had an apartment finally.	/ˌwiːvˈhædən/ 위브**해**던	이파트 이름인 '위브'와 같은 형식의 이름을 지으면 약음이어서 '갖는다'는 뜻을 나타낼 수 없습니다.

문장	발음	설명
It had erased since then.	/ˌɪr̬ədɪˈreɪst//ˌsɪnsˈðɛn/ 이러디레이스트 씬ㅅ[th]덴	
It had been long time.	/ˌɪr̬bɪn//ˈlɑːŋˌtaɪm/ 이러빈 랑타임	

1-6) it

• it/, ət/

문장	발음	설명
It is snowing.	/ˌɪtsˈsnoʊɪŋ/ 잇스노윙	주어일 때는 강한 /ˈɪt/로 발음됩니다.
Take it now.	/ˌteɪkətˈnaʊ/ → /ˌteɪktˈnaʊ/ 테이컷 나우 → 테익트나우	그렇지 않으면 모두 /ət/로 발음합니다. 애매모음 /ə/도 강음 뒤에서는 흔히 탈락됩니다.

1-7) I

WORD	PRONUNCIATION
I	/ˈaɪ/ /ˈaɪ, ə/ 아이, 어
my	/ˈmaɪ/ /ˈmaɪ, mə/ 마이, 머
me	/ˈmiː/
myself	/maɪˈsɛlf/ /maɪˈself, mə-, 남부식-ˈsef/ 마이셀프, 머셀프, 머세프

CONTRACTION	PRONUNCIATION
I'd	/ˈaɪd/ 아이드
I'll	/ˈajəl/ 아열
I'm	/ˈaɪm/ 아임
I've	/aɪv, əv/ 아이브, 어브

PHRASE	PHONETIC TRANSCRIPTION
I did it myself.	/ˌaɪˈdɪdət//məˈsɛlf/ 아이**디**덧 머**셀**프
I'd love to go.	/ˈaɪd//ˈlʌv//ˈtuː, tə//ˈgoʊ/→/ˌaɪd//ˈlʌv t ˌgoʊ/ **아**이ㄷ **러**ㅂ 트**고**우
I will be there.	/ˌajəl ˌbiːˈðɛə/ **아열** 비 [th]**데**어[r]
I've got you.	/əvˈgɑːtjə/ 어브**가쳐**

1-8) we

WORD	PRONUNCIATION
we	/ˈwiː/ 위
we'd	/ˈwiːd/ 위드
we'll	/ˈwiːl, ˈwɪl/ 윌ː, 윌
we're	/ˈwiɚ, wɚ/ 위어[r], 워[r]
we've	/ˈwiːv/ 위브
our	/ˈaʊɚ, ɑɚ/ 아워[r], 아어[r]
ourselves	/ˌaʊɚˈsɛlvz, ɑɚˈsɛlvz/ 아어[r]**셀브**즈
us	/ˈʌs/ 어스

PHRASE	PRONUNCIATION
We'll go.	/ˌwɪlˈgoʊ/ 윌**고**우
We'd be glad.	/ˌwiːd ˌbiːˈglæd/ 위드비 글**래**드
We're here.	/wɚˈhiɚ/ 우어[r] **히**어[r]
about our family	/əˈbaʊɾɚ//ˈfæmli/ 어바우라어[r] **패**믈리

1-9) will/shall

WORD	PRONUNCIATION
will	/ˈwɪl, wəl/ 윌, 월
would	/ˈwʊd, wəd/ 우드, 워드
won't	/ˈwoʊnt/ 워운ㅌ

WORD	PRONUNCIATION
shall	/ˈʃæl, ʃəl/ 쉘, 쉴
should	/ˈʃʊd, ʃəd/ 슈드, 셔드
shan't	/ˈʃænt, Brit ˈʃɑːnt/ 쉔트, 쉰트

PHRASE	PRONUNCIATION
She would have no choice.	/ˈʃiːd ˌhæv/ /ˌnoʊ ˈtʃɔɪs/ 쉬ㄷ해브 노우**초**이스
Who would have imagined?	/ˌhuːdv ɪˈmædʒənd/ 훋비**메**젼ㄷ
It would be a fun.	/ˌɪˈd ˌbijə ˈfʌn/ 이러비여**펀**
Shall we dance?	/ʃəl ˌwiːˈdæns/ 설위댄스
I should have seen this.	/ˌaɪ ˌʃərəv/ ˈsiːn/ /ˈðɪs/ 아이서럽**씬**[th]디스
Shan't we?	/ˌʃænˈtwiː/ 쉔**튀**

1-10) you

WORD	PRONUNCIATION
you	/ˈjuː, jə/ /ˈjuː, jə, ji:/ 유, 여, 이
your	/ˈjoɚ, jɚ/ 요어[r], 여[r]
yourself	/jɚˈsɛlf/ 여셀[f]프
you'd	/ˈjuːd, jəd/ 유ㄷ, 여ㄷ
you'll	/ˈjuːl, jəl/ 율, 열
you're	/ˈjoɚ, jɚ/ 여어[r], 여[r]
you've	/ˈjuːv, jəv/ 유ㅂ, 여ㅂ

PHRASE	PRONUNCIATION	TRANSLATION
I told you.	/ˈaɪ/ /toʊld/ /ˈjuː, jə/ → /ˌaɪ ˈtoʊldʒə/ 아이**토**울져	'말했잖아'
When can I see you?	/ˈwɛn/ /kən, ˈkæn/ /ˈaɪ/ /ˈsiː/ /ˈjuː, jə/ → /ˈwɛn/ /knaɪ ˈsiːjə/ 웬크나이**씨**여	

PHRASE	PRONUNCIATION	TRANSLATION
Your turn.	→ /jɚˈtɚn/ 여[r]턴[r]	'네 차례야'
You're terrific.	→ /ˈjoʊ-/ /tɚˈrɪfɪk/ 요어[r] 터리픽	'멋져'
You will be ok.	/jɚl ˌbiːoʊˈkeɪ/ 여[r]비오우케이	
You'll achieve it	/ˈjuːl , jəl//əˈtʃiːv// ɪt, ət/ → /ˈjuːləˈtʃiːvət/ 율러치벗	
Do it yourself	/ˈduːwət//jɚˈsɛlf/ 두웟 여셀프	
You've done it.	/jəvˈdʌnət/ 여ㅂ더넛	

1-11) 기능어 list

a	/ə, ˈeɪ/ 어, 에이
an	/ən, ˈæn/ 어, 앤
and	/ˈænd, ənd, ən/ 앤드, 언드, 언 /ən(d), (ˈ)an(d), ən(d) after t, d, s, z, əm after p or b, əŋ after k or g/
as	/ˈæz, əz/ 애즈, 어즈
at	/ˈæt, ət/ 앹, 엍
be am are is was were aren't been being	/ˈbiː/ 비 /ˈæm, əm/ 앰, 엄 /ˈɑɚ, ɚ/ 아어[r], 어[r] /ˈɪs, əs/ 이스, 어스 /ˈwəz/ 워즈 /ˈwɚ/ 워[r] /ˈɑɚnt, ˈɑrənt/ 아언[r]ㅌ, 아런ㅌ /ˈbɪn, Brit ˈbiːn/ 빈, 빈ː /ˈbiːjɪŋ/ 비잉
by	/ˈbaɪ, bə/ 바이, 버

can	/kən, ˈkæn//kən, ˈkæn, dialect ˈkɪn/ 컨, 캔	
can't	/ˈkænt, Brit ˈkɑːnt/ 캔ㅌ, 컨ㅌ	
cannot	/ˈkænɑt, kəˈnɑːt/ 캐낫, 커낫	
could	/kəd, ˈkʊd/ 커드, 쿠드	
for	/ˈfoɚ, fɚ/ [f]포어[r], [f]퍼[r]	
have	/ˈhæv, əv/ /ˈhav, (h)əv, v; in "have to" ˈhaf/ 해브, 어브	
has	/ˈhæz, əz/ 해즈, 어즈	
had	/ˈhæd, əd/ 해드, 어드	
having	/ˈhævɪŋ/ 해빙	
he	/ˈhiː, ɪ/ 히, 이	
his	/ˈhɪz, ɪz/ 히즈, 이즈	
him	/ˈhɪm, ɪm/ 힘, 임	
himself	/hɪmˈsɛlf/ 힘셀[f]프	
he'd	/ˈhiːd, id/ 히드, 이드	
he'll	/ˈhiːl/ 힐	
he's	/ˈhiːz, iz/ 히즈, 이즈	
I	/ˈaɪ, ə/ 아이, 어	
me	/ˈmiː/ 미ː	
my	/ˈmaɪ//ˈmaɪ, mə/ 마이, 머	
myself	/maɪˈsɛlf//maɪˈself, mə-, Southern -ˈsef/ 마이셀프, 머셀프, 머세프	
I'd	/aɪd/ 아이드	
I'll	/ˈajəl/ 아열	
I'm	/ˈaɪm/ 아임	
I've	/ˈaɪv, əv/ 아이브, 어브	
in	/ˈɪn, ən/ /ˈɪn, ən, n/ 인, 언, 은	
it	/ˈɪt, ət/ 잍, 엍	
itself	/ɪtˈsɛlf/ 잍셀프	
it'd	/ˈɪtəd/ 이터드	
it'll/	/ˈɪtl̩/ 이틀	
it's	/ˈɪts, əts/ 잍스, 엍스	
of	/ˈʌv, əv, Brit ˈɒv, əv, ə/ 어브,	
or	/ˈoɚ, ɚ/ 오어[r], 어[r]	

	shall	/ˈʃæl, ʃəl/ 셸, 셜
	should	/ˈʃʊd, ʃəd/ 슈ㄷ, 셔ㄷ
	shalln't	/ˈʃænt, Brit ˈʃɑːnt/ 쉔ㅌ, 슈안ㅌ
	she	/ˈʃiː/ 쉬
	her	/ˈhɚ, ɚ/ 허[r], 어[r]
	herself	/hɚˈsɛlf/ /(h)ərˈself, Southern also -ˈsɛf/ 허어[r]셀프, 어셀프
	she'd	/ˈʃiːd, ʃɪd/ 쉬ㄷ, 쉬ːㄷ
	she'll	/ˈʃiːl, ʃɪl/ 쉬ː일 쉴
	she's	/ˈʃiːz, ʃɪz/ 쉬ː즈, 쉬즈
	than	/ˈðæn, ðən/ [th]덴, [th]던
	that	/ˈðæt, ðət/ [th]댓, [th]덧
	those	/ˈðoʊz/ [th]도우즈
	the	/ðə, ðɪ, ˈðɪ/ [th]더, [th]디
	there	/ˈðeɚ/ [th]데어
	they	/ˈðeɪ/ [th]데이
	their	/ˈðeɚ/ [th]데어[r]
	them	/ˈðɛm, ðəm/ /ˈðɛm, ðəm, after p/f, b/v also m/ [th]뎀, [th]덤
	themselves	/ðɛmˈsɛlvz/ /ðəmˈsɛlvz, ðɛm-/ [th]뎀**셀브즈**, [th]덤**셀브즈**
	they'd	/ˈðeɪd/ [th]데이ㄷ
	they'll	/ˈðeɪl, ðɛl/ [th]데일
	they've	/ˈðeɪv/ [th]데이ㅂ
	this	/ˈðɪz/ /ˈðiːz, ðəz/ [th]디스
	these	/ˈðiːz/ [th]디ː즈
	to	/ˈtuː, tə/ /ˈtuː, tə, tʊ/ 투ː, 터, 투

we we are we'd we'll we're we've our us	we/ˈwiː/ 위ː /ˈwɪr, ˈwɚr, ˈwiː-ɚr/ 위어[r], 워[r], 위ː어[r] /ˈwiːd/ 위ːㄷ /ˈwiːl, ˈwɪl/ 윌ː /ˈwiɚ, wɚ/ 위어[r], 워[r] /ˈwiːv/ 위ːㅂ /ˈawɚ, ɑɚ/ 아워[r], 아어[r] /ˈʌs/ 어스
will would I'll you'll he'll she'll we'll they'll it'll	will/ˈwɪl, wəl/ /wəl, (ə)l, l, ˈwɪl/ 윌ː, 월ː /ˈwʊd, wəd, əd/ 우드, 워드, 어드 /ˈajəl/ 아열 /ˈjuːl, jəl/ 율ː, 열 /ˈhiːl, hɪl/ 힐ː, 힐 /ˈʃiːl, ʃɪl/ 쉴ː, 쉴 /wiːl, ˈwɪl/ 윌ː, 윌 /ˈðeɪl, ðɛl/ [th]데일, [th]델 /ˈɪtl/ 이를
you your yourself you'd you'll you're you've	/ˈjuː, jə//ˈjuː, jə, jiː/ 유ː, 여, 이ː /ˈjoɚ, jɚ/ 요어[r], 여[r] /jɚˈsɛlf/ 여[r]셀프 /ˈjuːd, jəd/ 유ːㄷ, 여ㄷ /ˈjuːl , jəl/ 유ː을, 열 /ˈjoɚ, jɚ/ 요어[r], 여[r] /ˈjuːv, jəv/ 유ːㅂ, 여ㅂ

2. 기타

5-1) 자음의 발음 특성

    가) /f/, /v/

    나) /r/, /l/

    다) /w/, /y/

    라) 기타 자음

5-2) 명전동후(名前動後)

5-3) 장 단음

5-4) 연속 강음/약음

5-5) 마지막 음절에 강세가 붙는 단어들

2-1) 자음의 발음 특성

가) /f/, /v/

- /f/, /v/는 아랫입술 안쪽을 살짝 물어 '프'와 '브'를 발음합니다. 결과로 뒤따르는 모음은 'ㅗ(ㅜ)'와 합성되어 발음 됩니다.

- 무성음 p/b를 목청이 울리게 발음하면 유성음 f/v로 바뀝니다..v/ˈviː/는 '브이'가 아닙니다.

▪fine china▪ ↔ ▪pine tree▪	/ˈfaɪn/ ↔ /ˈpaɪn/
▪a few words▪ ↔ ▪along the pew▪	/ˈfjuː/ ↔ /ˈpjuː/
▪a vase of roses▪ ↔ ▪the air base▪	/ˈveɪs/ ↔ /ˈbeɪs/
▪take to the vet▪ ↔ ▪a bet on the game▪	/ˈvɛt/ ↔ /ˈbɛt/

ban↔van boat↔vote cheap↔chief leap↔leaf
pace↔face pan↔fan peer↔fear pile↔file pine↔fine
robe↔rove saber↔saver

나) /r/, /l/

1) r

- 초성 r은 'ㅜ'를 발음할 때의 입 모양을 만든 후 발음을 시작합니다. 따라서 뒤따르는 모음은 ㅜ와 합성되어 발음됩니다.

- r 앞의 자음은 ㅜ를 붙여 발음하게 됩니다.

WORD	PRONUNCIATION
shrine Chong-myo	/ˈʃraɪn/ → /ʃʊˈraɪn/ 수라인
shroud	/ˈʃraʊd/ 수라우ㄷ
shrewd	/ˈʃruːd/ 수루ㄷ
dry	/ˈdraɪ/ 두라이
pride	/ˈpraɪd/ 푸라이드

- 종성 r은 미국영어의 특성인 혀를 구르게 합니다.

2) l

- l은 우리의 'ㄹ'입니다. 종성 l은 매우 약하게 발음됩니다. 남부는 완전히 탈락시킵니다.

WORD	PRONUNCIATION
helpful	/ˈhɛlpfəl/; Southern often ˈhɛpfəl also ˈhæejəpfəl 핲[f]펄, 해엪[f]펄
milk	/ˈmɪlk/ (/ˈmɪək/→/ˈmɪjək/) **미**얼, 미역
salmon	/ˈsæmən/ **새**먼
calf	/ˈkæf/ 캐프

▶ 모음을 뒤따르는 l/r은 발음길이를 늘이는 특성이 있습니다. 이로 인해 약하고 빠른 /ə/가 삽입됩니다. 특히 강세의 /ɪ/ /ɛ/ /æ/ /ɑː/를 발음할 때 그렇습니다.

다) /w/, /y/

- w와 y는 초성일 때에는 자음입니다. a year, a word

1) w는 /ʊ/를 발음할 때의 입모양을 만들어 발음을 시작합니다.

단어	발음	변경된 발음
swing	/ˈswɪŋ/	/ˈsʊwɪŋ/ **수**윙
sweep	/ˈswiːp/	/sʊˈwiːp/ **수**잎
woman	/ˈwʊmən/	/ˈʊʊmən/ 우우:먼
It wasn't good.	/ˌɪʊˈwəzn/	w가 ʊ를 첨가시킵니다. 이루워즌
reward	/rɪˈwoəd/	/rɪ/는 /rjʊ/가 됩니다. 류
language	/ˈlæŋgwɪʤ/	'**랭**구위쥐'
quick	/ˈkwɪk/	'**쿠**윅'
squad	/ˈskwɑːd/	'**스쿠**와:드'

2) y는 /ɪ/를 발음할 때의 입모양을 만들어 발음을 시작합니다.

단어	기존 발음	새로운 발음	설명
courtyard	/ˈkoɚtˌjɑɚd/	/ˈkoɚtɪˌjɑɚd/ 코어[r]티야어[r]ㄷ	
Be yourself.	/ˈbiːjɚˈsɛlf/	/biː/가 y로 인해 더 길어집니다. 비여셀프	
year	/ˈjiɚ/		'이이어r'형태로 발음됩니다. ear/ˈiɚ/와 구분됩니다.
Europe	/ˈjurəp/	/이유렆/	

▶ w와 y를 ㅜ와 ㅣ의 입모양을 만든 후 발음하지 않으면 틀린 발음이라고 바로 인지됩니다.

3) 종성 w는 /ʊ/로, y는 /ɪ/ 발음합니다.

단어	발음
rainbow	/ˈrenˌboʊ/ 렌보우
fancy	/ˈfænsi/ 팬시
동사화 접미사 -fy	/ˌfaɪ/ [f]파이

라) 기타 자음

1) s/z

- z는 무성음 s를 목청이 울리도록 발음합니다. 따라서 z는 우리의 ㅈ이 아닌 ㅅ의 된소리입니다.

- /s/는 강세면 'ㅆ'로, 약세나 자음 앞, 끝 자는 'ㅅ'으로 발음합니다.

WORD	PRONUNCIATION
say	/ˈseɪ/
set	/ˈsɛt/
sight	/ˈsaɪt/
piston	/ˈpɪstən/
sense	/ˈsɛns/
nuance	/ˈnuːˌɑːns, Brit ˈnjuːˌɑːns/

2) t

- 다섯 가지 발음이 있습니다.

번호	설명	예시
1)	첫 자 t → t	Torch/ˈtoɚtʃ/ **토어**[r]치
2)	유성음 사이의 약음 t → 단타음	Total/ˈtoʊtl/→/ˈtoʊřl/ **토우**를
3)	자음 뒤의 t → '뜨'로 발음	strike/ˈstraɪk/ – '스**뜨**라잌' looked/ˈlʊkt/ – '룩**뜨**'
4)	tr의 t → '츠'로 구개음화	constrain/kənˈstreɪn/ – '컨스**츠**레인'
5)	접미사 -tia, -tion 등의 t → /ʃ/	initiative – /ɪˈnɪʃətɪv/ 이**니**셔티브

3) g/ j/ z

- g, j는 ㅜ(ㅗ)를 포함합니다.

TERM	PRONUNCIATION
G major	g/ˈdʒiː/
jet engine	j/ˈdʒeɪ/

- z는 '지'에 ㅅ을 섞어 입 천정과 혀 사이에서 불어 내어 만드는 유성음입니다. 무성음 s를 목청이 울리도록 발음하면 z가 됩니다.

TERM	PRONUNCIATION	REGION
zebra stripe	/ˈziːbrə/	
z	/ˈziː/	Canada, British, & Australian
z	ˈzed	chiefly dialect
z	ˈɪzərd	

4) /tʃ/, /dʒ/, /ʒ/, /ʃ/

- 'ㅟ'를 포함합니다.

- /ʒ/는 /ʃ/에 ㅈ를 섞은 유성음입니다.

5) /θ/, /ð/

- 혀를 윗니 밑에 살짝 댄 후 떼면서 /θ/는 'ㅅ'으로, /ð/는 'ㄷ'을 발음합니다.

6) k, p, t 의 발음 (무성 파열음)

- 말 끝을 터뜨리는(파열시키는) '크' '프' '트'와 된소리 'ㄲ' 'ㅃ' 'ㄸ'의 두 가지로 발음됩니다.

구분	예시
단어의 첫 자	career/kəˈrɪɚ/, possess/pəˈzɛs/, terrific/təˈrɪfɪk/ 커리어[r], 퍼**제**스, 터**리**[f]픽
강세의 초성	acute/əˈkjuːt/, computer/kəmˈpjuːtɚ/, attitude/ˈærəˌtuːd/ 어**뀨**트, 컴**뷰**터[r], 애러**뜌**드
약세의 초성	mercury /ˈmɚkjəri/, capability /ˌkeɪpəˈbɪləti/, Is it to be him? **뜨**비, lighter /ˈlaɪtɚ/
s와 짝지어진 p t k	spike/ˈspaɪk/, stake/ˈsteɪk/, skate/ˈskeɪt/, spy/ˈspaɪ/, stark/ˈstɑɚk/, sky/ˈskaɪ/ 스**빠**익, 스**떼**익, 스**께**잍, 스**빠**이, 스**따**[r]크, 스**까**이/
종성 p t k	scrape/ˈskreɪp/, donate/ˈdoʊˌneɪt/, lake/ˈleɪk/ 스크레이**ㅃ**, 도우네이**ㄸ**, 레이**ㄲ**

강세의 초성 이라는 말은 강세가 있는 음절의 첫 글자가 k, p, t 일 경우에 파열음과 된소리 두가지로 발음된다는 말입니다.
마찬가지로 약세의 초성은 강세가 없는 음절의 첫 글자가 k, p, t 인 경우죠.
S 다음에 나오는 k, p, t 는 거의 된소리 ㄲ, ㅃ, ㄸ 로 발음되는 경향이 있습니다.

7) b d g의 발음

- 첫 자 b d g는 ㅃ ㄸ ㄲ와 가깝게 발음합니다.

- blind /ˈblaɪnd/
- dog /ˈdɑːg/
- ground /ˈgraʊnd/

2-2) 명전동후

- 명사/형용사일 때에는 강세를 앞에, 동사일 때엔 뒤에 붙이는 관행이 있습니다.

▶ 두 음절 단어의 명사의 80%는 첫 음절에 강세가 붙고, 동사의 60%는 둘째 음절에 강세가 붙는다고 합니다.

PHRASE	MEANING	PRONUNCIATION
Her greatest attribute	가장 훌륭한 자질	/ˈætrəˌbjuːt/ n **애**트러뷰트
attributes to hard work	근면 덕분에	/əˈtrɪˌbjuːt/ v 어**트**리뷰트
living in a compact flat	소형 아파트	/ˈkɑːmˌpækt/ n **캄**팩트
compacted the loosen soil		/kəmˈpækt/ v a 컴**팩**트
signed a contract		/ˈkɑːnˌtrækt/ n **칸**트렉트
contracted as they got cooler	수축되다	/kənˈtrækt/ v 컨**트**랙트
organically farmed produce	유기농산물	/ˈproʊˌduːs/ n **프로**우두스
produced a documentary		/prəˈdjuːs/ v 프러**듀**스
a preliminary contest	예선전	/ˈkɑːnˌtɛst/ n **칸**테스트
contested a hot match	싸우다	/kənˈtɛst/ n v 컨**테**스트
provided an armed escort		/ˈɛsˌkoɚt/ **에**스코어[r]트
escorted her home		/ɪˈskoɚt/ v 이**스코**어[r]트
thanks awfully for the present		/ˈprɛznt/ n **프레**즌트
May I present my fiancé?		/prɪˈzɛnt/ v 프리**젠**트
an ambitious project		/prəˈdʒɛkt/ v 프러**젝**트

PHRASE	MEANING	PRONUNCIATION
projected next year's costs		/ˈprɑːˌdʒɛkt/ n **프라**젝트
the rebel forces	반군	/ˈrɛbəl/ n **뤠**블
rebelled against the regimentation	억압에 항거	/rɪˈbɛl/ v 뤼**벨**
a record score		/ˈrɛkɚd/ n **레**커[r]드
recorded an interview on video		/rɪˈkoɚd/ v 리**코**어[r]드
avoided eye contact		/ˈkɑːnˌtækt/ n v a **칸**텍트
contacted them by radio		/kənˈtækt/ n v a 컨**텍**트
the content the home page	내용물	/ˈkɑːnˌtɛnt/ n **칸**텐트
contented with the result	만족	/kənˈtɛnt/ v 컨**텐**트
warmth and comfort		/ˈkʌmfɚt/ n v **컴**퍼[r]트
comforted her warmly		/ˈkʌmfɚt/ n v **컴**퍼[r]트
the process of refining oil	오일 정제	/ˈprɑːˌsɛs, Brit ˈprəʊˌsɛs/ n v **프라**:세스
processed the film	필름 현상	/ˈprɑːˌsɛs, Brit ˈprəʊˌsɛs/ n v **프라**:세스
a sugar-coated promise	사탕발림 약속	/ˈprɑːməs/ n v **프라**머스
Promise you won't tell!		/ˈprɑːməs/ n v **프라**머스

2-3) 장 단음

- 장, 단음 구분이 명확한 뜻을 전달하는 또 다른 핵심입니다.

- 약음은 강음의 1/4 정도의 길이로 짧게 발음됩니다. 이는 강음은 길게 발음된다는 의미입니다. 흔히들 강음을 짧게 발음하여 어색하게 합니다. 장음 표식 /ː/는 이를 더 길게 합니다.

WORD 1	PRONUNCIATION 1	WORD 2	PRONUNCIATION 2
his	/ˈhɪz/	He's	/ˈhi:z/
live	/ˈlɪv/	leave	/ˈli:v/
fill	/ˈfɪl/	feel	/ˈfi:l/
pitch	/ˈpɪtʃ/	peach	/ˈpi:tʃ/
is	/ˈɪz/	ease	/ˈi:z/
full	/ˈfʊl/	fool	/ˈfu:l/
It	/ˈɪt/	eat	/ˈi:t/
foot	/ˈfʊt/	moon	/ˈmu:n/

2-4) 마지막 음절 강세 단어들의 예

- 무강세 접미사/어미들이 많아 세 음절 단어라도 마지막 음절에 강세를 붙이지 않는 단어들이 많습니다. 다음은 막지막 음절에 강세를 붙이는 지 않은 세 음절 단어들의 일부 예입니다.

연습)

PHRASE	MEANING	PRONUNCIATION 1	PRONUNCIATION 2
an atmosphere of serenity	평온한 분위기	/ˈætməˌsfiɚ/ 애트머스[f]피어[r]	/səˈrɛnəti/ 써**래**너티
brigadier general	준 (육·공·해병대)	/ˌbrɪɡəˈdiɚ/ 브리거**디**어[r]	/ˈdʒɛnrəl/ **제**느럴
adverse circumstances	역경	/ˈsɚkəmˌstæns/ 써[r]컴스텐스	/ædˈvɚs/ /ˈædˌvɚs/ 애드**버**[r]스
intervene in a dispute	논쟁에 끼여 들다	/ˌɪntɚˈvi:n/ 인터[r]**빈**	/dɪˈspju:t/ 디스**퓨**트
wide fluctuations of temperature	급변하는	/ˈtɛmprəˌtʃuɚ/ 템프러추어[r]	/ˈflʌktʃəˌweɪt/ 플럭추웨잍
tramping on a trampoline	트램포린에서 뛰다	/ˌtræmpəˈli:n/ 트램펄**린**	/ˈtræmp/ **트**램프

맺음말

지금 이 시국에, 이 책을 읽어 주신 여러분께 진심으로 고맙다는 말을 먼저 전하고 싶습니다.

영어 발음이라는 주제는 어쩌면 조금 외로운 공부일지 모릅니다. 아무도 신경 쓰지 않는 것 같고, '굳이 여기까지 해야 하나' 싶은 순간이 수도 없이 찾아오니까요. 특히 요즘처럼 변화가 많고 마음이 분주한 시기에는 더 그렇습니다.

저 역시 그랬습니다. 예전엔 발음 공부에 회의적이었습니다. 사람들이 내 말을 이해하기만 하면 됐지, 억양이나 리듬, 작은 소리 하나까지 왜 신경 써야 하는지 몰랐으니까요.

하지만 시간이 지나면서, 조금씩 달라지는 걸 느꼈습니다. 발음을 조금씩 바꿔 나가다 보니, 말이 달라지고, 생각이 달라지고, 무엇보다 '영어를 대하는 내 마음'이 달라지더군요.

영어라는 언어는 단순히 단어와 문법, 뜻만으로 이루어지지 않습니다. 그 언어가 가진 리듬과 음악성, 목소리의 색깔, 그 속에 담긴 감정까지 함께 느껴질 때 비로소 진짜 '말'이 되고, 진짜 '소통'이 됩니다.

발음은 바로 그 출발점입니다. 결국 우리가 하고 싶은 건 '영어 공부'가 아니라, '영어로 사람과 연결되는 것'이니까요.

혹시 이 책을 읽는 동안, 한 번이라도 입을 움직여 따라 읽어 보았다면, 거울을 보며 발음 연습을 해 보았다면, 그것만으로도 충분히 의미 있는 한 걸음을 내디딘 것입니다.

서두르지 않아도 괜찮습니다. 오늘 조금 발음이 더 또렷해졌다면, 내일은 조금 더 자연스러워질 거예요. 그렇게 하루하루 쌓이다 보면, 어느 날 문득, 영어로 말을 건넬 때 마주한 사람의 눈빛이 달라지는 걸 느끼게 될 겁니다.

그때 여러분은 아마 알게 될 거예요. '발음을 바꾸는 건 단순히 소리를 바꾸는 일이 아니라, 내 안의 용기와 자신감을 키우는 일이었구나' 하고요.

이 책이 그런 변화의 작은 시작이 되었기를 바랍니다.

끝까지 함께해 주셔서 고맙습니다. 지금 이 시국에도, 그리고 앞으로 어떤 시국이 오더라도 여러분의 영어 발음, 여러분의 목소리가 더 빛나기를 진심으로 응원합니다.

오정섭, 오정현 편저

초판 1쇄 2025년 8월 11일

발행인   강대진
편 집   최세림, 최영란
발행처   베이컨북스
등 록   제 2025-000097호
주 소   경기도 파주시 가람로 113 105동 1503호
번 호   010-3237-9379
메 일   charles.j.h.oh@gmail.com

© 2025, Bacon Books
ISBN 979-11-993734-0-2

*이 책은 저작권법에 따라 보호받는 저작물이므로 무단복제와 무단전재를 금합니다.
*이 책 내용의 전부 또는 일부를 이용하려면 반드시 베이컨북스의 서면 동의를 받아야 합니다.

도면12　따라 연습하기 1-10

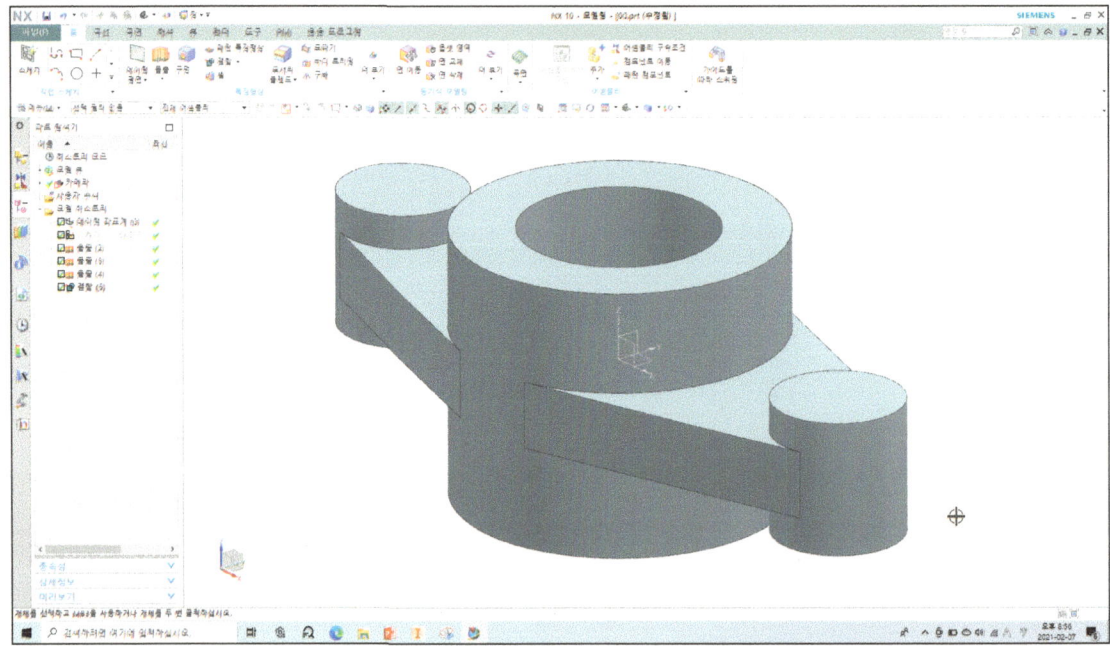

16. 그림처럼 마우스로 부품 전체를 드래그로 묶어 선택한다.